W0294705

Momentos cruciales/
Individuo y convivencia social

Momentos cruciales/ Individuo y convivencia social

Notas y prólogo de
Silvia Vega Ordóñez

Ernst Klett Sprachen
Stuttgart

Photocredits

118 Carmen Resino; **120** getty images (München), David Levenson; **122** Revista Arcadia, Bogotá

1. Auflage 1 7 6 5 4 3 | 2023 22 21 20 19

Internetadresse: www.klett-sprachen.de

Redaktion: Marcelo Rodríguez
Layoutkonzeption: Elmar Feuerbach
Gestaltung und Satz: Satzkasten, Stuttgart
Umschlaggestaltung: Sandra Vrabec
Titelbild: Shutterstock (Giordano Aita), New York
Druck und Bindung: Medienhaus Plump GmbH, Rheinbreitbach
Printed in Germany

ISBN 978-3-12-535769-3

9 783125 357693

Índice

Prólogo 7

Concha Romero
¿Tengo razón o no? 9

Carmen Resino
Ultimar detalles 27

Almudena Grandes
Amor de madre. 43

La buena hija 52

Marvel Moreno
Una taza de té en Augsburg. 95

Jesús López Pacheco
Desde los hombros de mi padre. 105

L@s autor@s y sus obras 117

Abreviaturas y símbolos 126

Prólogo

El cuento es una pequeña novela que, de repente y en pocas páginas, nos hace sumergirnos en una intensidad de acontecimientos que nos rodean, nos invaden y, en definitiva, nos atrapan. Todo lo que el autor nos quiere transmitir lo tiene que hacer con un número limitado de caracteres, aunque, en muchos casos, la historia continúe en la imaginación de quien lo lee porque es demasiado corta para poder librarse de ella en tan breve espacio, de tiempo y de palabras. De esta forma, el relato sigue creciendo fuera del papel. Algo similar ocurre con las breves obras de teatro. Y esto precisamente, es lo que nos va a suceder con cada uno de los cuentos y piezas teatrales que en esta antología se presentan.

Los momentos cruciales en nuestra vida pueden, seguramente, contarse con los dedos de la mano. Si nos paramos a pensar puede que, a estos importantes sucesos, los resumamos en tan solo un instante. Y que, en todo caso, hayan sido más breves que un simple cuento.

Gracias a esta antología de escogidas obras breves, en las que se describen impactantes momentos vitales de sus protagonistas, podemos revivir intensas vivencias propias y ajenas. Y estas últimas hacerlas nuestras, poniéndonos en la piel del personaje, aprendiendo a pensar como él y apropiándonos de su alma por el espacio de tiempo que unas páginas nos regalan.

En esta muy breve antología de cuentos y piezas de teatro se ha conseguido combinar la risa con el llanto, la tristeza con la alegría y el humor con la ironía. En todos y cada uno de estos breves retazos de historia existe una buena pluma que permite al lector deslizarse a través de las vidas de cada uno de los personajes de esta deliciosa selección. Al avanzar en la lectura, cada palabra se agarra, se deja saborear y deja al final un muy buen sabor de boca y, cómo no, ganas de más.

Silvia Vega Ordóñez

Concha Romero

¿Tengo razón o no?

Personaje
CARLOS

Acto único

Salita de estar de un piso modesto. Teléfono y una mesita mueble-bar. Dos puertas, a izquierda y derecha, comunican con el exterior y con las habitaciones interiores.

La luz está encendida. Suenan doce campanadas de un reloj imaginario.

CARLOS, *de unos cuarenta años, entra con gabardina y maletín por la izquierda.*

CARLOS.—¡María, María…!

(Al no obtener respuesta entra por la puerta derecha llamando a María. En off).

¡María…, María…!

(Entrando en escena de nuevo). ¡Y para esto he venido tan pronto! ¡Si llego a saber que no estaba…! *(Quitándose la gabardina).* ¿Adonde habrá ido? Seguramente a alguna de sus tías le ha dado un jamacuco. ¡Es que no se pueden tener tantas tías ni preocuparse tanto por ellas! En fin, cada uno tiene sus hobbys y, dentro de lo que cabe, éste es de los menos malos. *(*CARLOS *se sirve una copa).* No debería molestarme, pero el caso es que me molesta, no sé muy bien por qué. Misterios de

6 **modesto** sencillo, ≠ rico – 9 **una campanada** Glockenschlag – 11 **una gabardina** abrigo que protege de la lluvia – 12 **un maletín** pequeña maleta para llevar *p ej* documentos – 14 **obtener** tener, conseguir – 18 **quitarse** desvestirse, ≠ ponerse – 20 **un jamacuco** *Esp coloq* indisposición, malestar poco importante – 22 **dentro de lo que cabe** den Umständen entsprechend – 23 **una copa** *aquí:* bebida alcohólica

la vida. Aunque lo que realmente me molesta no es que vaya a cuidar a su tía sino que no esté en casa cuando yo llego, sobre todo si he venido corriendo para que no se enfade. ¿Tengo razón o no? No sé si acostarme o esperarla. Sueño no tengo. Me tomaré otra copa.

(Se sirve otra copa y pone la radio. Da un sorbo. Marca un teléfono).

¿Te he despertado?... ¿Estabas en la cama?... No, estoy solo... Sí, en casa... María ha salido... Ja, ja, ja. ¡Y con lo calentitos que estábamos! Hoy me ha dado verdadera pereza salir. Hacía tanto frío en la calle... Tres bajo cero. Trabajo me costó quitar el hielo del coche... Sí, el tiempo está muy raro...

Lo mismo pienso yo, debería haberme quedado un rato más, pero ya sabes cómo es mi mujer, si no llego a cenar, se enfada y si dan las doce y no he aparecido, se pone histérica... ¡Cenar, cenar! ¿Qué más te da cenar que almorzar?... ¿Al cine? Al cine podemos ir a las cuatro, a las siete. Es mucho mejor, hay menos gente... No sé de qué te quejas, si paso contigo más tiempo que con ella... ¿Que si te quiero? ¡Vaya pregunta! ¿Es que lo dudas?

¿Que la deje y me vaya a vivir contigo?... Sí, claro que me ha sorprendido. Es la primera vez que me lo dices... Creí que eras una fanática de la soltería. ¡Como siempre hablas pestes del matrimonio!... Tienes razón, yo tampoco hablo demasiado bien, pero lo hago con conocimiento de causa, en cambio tú siempre has vivido sola... Bueno, algunas ventajas tiene aunque, claro, bastantes más inconvenientes... ¿Cuáles? Pues no sé..., te sientes como vigilado, como un niño pequeño

6 **un sorbo** cada porción de líquido que se bebe (Schluck) – 9 **calentito** *dim* caliente *aquí:* gemütlich – 10 **la pereza** falta de ganas de hacer uc – 15 **dar *las doce*** sonar, tocar (el reloj) – 15 **aparecer** dejarse ver *aquí:* llegar a casa – 15 **ponerse** *perífr* werden – 16 **almorzar** comer – 23 **la soltería** → soltero – 23 **hablar pestes** *loc coloq* hablar mal de uc – 28 **vigilado** observado, controlado

teniendo que dar cuentas de dónde has ido y de dónde has venido… pero, vamos, con un poco de imaginación y unas excusas bien preparadas, no es muy grave la cosa, acabas haciendo lo que quieres. Las mujeres se tragan bien las bolas. Es fácil… ¡No, mi vida! A ti nunca te mentiría… ¿Que te han entrado unas ganas irrefrenables de casarte? No me asustes. ¿Para qué? ¿No estamos bien así…?

(*Mientras escucha la larga réplica de la mujer,* CARLOS *hace gestos de contrariedad. Es evidente que no quiere problemas).*

Perdona un momento, he oído el ascensor. Debe de ser María. Te cuelgo. Hasta mañana.

(CARLOS *cuelga el teléfono aliviado).*

¡Ya se me estropeó el rollo! ¡Otra que se quiere casar! De sobra sé por experiencia que después de esta proposición no puede venir nada bueno. Y yo no quiero problemas, bastantes tengo ya. Así que monada, adiós, adiós para siempre, adiós. Y a otra cosa, mariposa.

(CARLOS *apura la copa).*

Me pregunto qué tendré yo para gustarle tanto a las mujeres. ¿Ustedes lo comprenden? Tampoco yo. Pero es así, ¡qué le vamos a hacer! Se chiflan por mí. Y eso que no soy banquero, ni político, ni artista, aunque algún arte digo yo que tendré, y si no que se lo pregunten a ellas, ja, ja, ja… Susi decía que era muy tierno y Maruchi que muy duro. Encarnita me llamaba

1 **dar cuentas de uc** *loc* tener que explicar uc – 4 **tragarse uc** *aquí:* creerse uc – 4 **una bola** *coloq* mentira – 6 **irrefrenable** incontrolable, que no se puede parar – 11 **colgar *el teléfono*** dejar de hablar (auflegen) – 12 **aliviado** liberado (erleichtet) – 13 **estropearse** romperse, no funcionar *aquí:* terminar – 13 **un rollo** *coloq* relación amorosa o sexual – 13 **de sobra** *loc* suficientemente, demasiado bien – 16 **monada** chica guapa – 16 **a otra cosa mariposa** *loc coloq* expresa cambio de tema o que se ha terminado uc – 18 **apurar uc** terminar, vaciar – 21 **chiflarse por up** *coloq* volverse loco, enamorarse – 21 **un banquero** up que trabaja en un banco – 24 **tierno** dulce, delicado, ≠ duro – 24 **Maruchi** María *p ej* Dolores

«ángel» y Celia «demonio». ¡A ver quién entiende a las mujeres! Lo que decía mi padre, ¡quien las entienda que las compre! Ja, ja, ja. La que tenía gracia era Casilda dándoselas de importante, de segura, de mujer de mundo experimentada. ¿Sabéis qué me decía cuando acabábamos de hacer el amor? «Carlos, macho, funcionas muy bien, pero que muy requetebién.» Y se levantaba de un brinco. «Te lo has ganado, tío, voy a servirte una copa; ¿qué quieres, lo de siempre?» Se desplomó la pobre cuando dejé de verla. Tuvo una gran depresión y ya no levantó cabeza, ¿ustedes lo comprenden? Pues yo tampoco. Otro misterio de la vida. ¿Y Amalia? ¿Qué habrá sido de Amalia? *(Dándose un golpe en la frente).* ¡Pero Carlos, burro, ¿cómo has podido olvidarla, si se suicidó por tu amor?! ¿Es que ya no recuerdas la carta que te escribió antes de tomarse las dos cajas de Valium? «No puedo vivir sin ti.» ¡Pobrecilla! Parece que la estoy oyendo. ¡Qué macabro! Y yo que recibo la carta un mes después. ¡Qué barbaridad, cómo está el correo! Y eso que vivía a tres manzanas de aquí. ¿Por qué haría una cosa así, la idiota? ¡Con lo buena que estaba! De verdad que no entiendo a las mujeres. ¿Por qué sufrirán tanto? ¿Por qué se lo tomarán tan a pecho? Nada, que me lo voy a tener que creer. Que no me va a quedar otro remedio que pensar que soy único, insustituible, superdotado, un superman, un todoterreno, un Rodolfo Valentino, un gran seductor, un verdadero don Juan. No, don Juan no. Don Juan a mi lado se queda chico. Todavía está por ver que yo persiga a una tía. A mí se me rinden. A mí me conquistan todas. Me miran, se acercan, sonríen, me

2 **Quien entienda a las mujeres que las compre** *coloq* no se sabe lo que piensan las mujeres – 3 **dárselas up de uc** *loc coloq* presumir de uc, darse importancia (sich aufspielen) – 6 **requetebién** *coloq* muy bien – 7 **un brinco** salto – 8 **desplomarse** *fig* caerse con fuerza en el suelo – 9 **levantar cabeza** *loc coloq* recuperarse, salir de una situación difícil – 20 **tomar uc a pecho** *loc* darle mucha importancia a uc – 21 **creérselo** *coloq* pensar que se tienen cualidades especiales *p ej* ser guapo – 22 **no quedar otro remedio** *loc* no tener otra alternativa – 23 **insustituible** único, esencial y necesario – 23 **superdotado** con mayores capacidades (sexuales) de lo normal – 23 **un todoterreno** coche *aquí:* up resistente que sirve para todo – 24 **Rodolfo Valentino** (1895-1926) actor italiano símbolo del *seductor* (Verführer) latino – 26 **perseguir** *aquí:* mostrar interés por up – 26 **rendirse a up** entregarse (sich ergeben)

hablan y ya está, ya me enrollaron. ¡Si es que soy débil, qué le voy a hacer! ¡Si es que me lo ponen en bandeja! ¡Si es que está tirado!... Con lo salidas que están las mujeres, uno no da abasto.

Lo malo es que de vez en cuando tengo que cumplir con mi legítima y cada día me apetece menos. Se ha estropeado mucho. En muy poco tiempo se ha vuelto vieja. Con la pulmonía que tuvo dio un bajón y no se ha recuperado. Claro que tiene más de cuarenta y en una mujer los años no pasan en balde. En cambio a mí, nada. Parece que tengo treinta. Cada día estoy más en forma y estas canas hasta me hacen interesante. Lo que no me explico es por qué antes de casarme no me comía una rosca, es que no ligaba nada, pero nada de nada, y en cuanto me casé, sin saber por qué, por arte de birlibirloque, ¡así las tengo, así, detrás de mí como moscas! ¿Ustedes lo comprenden? Yo tampoco. Otro misterio al saco. ¿Será que mi mujer me sirve de amuleto?, ja, ja, ja. ¡Tendría gracia que el sexappeal me lo diera ella!

¡Y lo pesada que se ha puesto con lo del piso! Nada, que se le ha metido en la cabeza comprar un piso. ¡Y como están los pisos en Madrid! ¡Que no compro yo un piso, que no! Que no hipoteco mi vida. ¡Si esto no puede seguir así! ¿Quién puede comprar un piso hoy día? La gente corriente, desde luego que no. Tiene gracia..., venía yo en el coche oyendo la radio..., le estaban haciendo una entrevista a un banquero, Alberto me parece que se llamaba y decía el tipo que los pisos iban a seguir subiendo hasta el año 2000. ¡Qué listos! Para que la gente se

1 **enrollarse up** *Esp coloq* ligar, tener relaciones sexuales con up – 2 **poner uc en bandeja** *loc coloq* hacer que uc sea muy fácil – 3 **estar uc tirada** *coloq* ser muy fácil – 3 **estar salido** *Esp vulg* tener muchos deseos sexuales – 3 **no dar abasto** *loc* no poder con todo – 6 **la legítima** *aquí:* su mujer legal – 6 **apetecer uc** tener ganas de uc – 6 **estropearse** *aquí:* envejecer – 8 **una pulmonía** Lungenentzündung – 8 **dar un bajón** perder salud, empeorar físicamente – 10 **en balde** *loc* inúltimente, sin dejar marcas – 13 **no comerse una rosca** *loc coloq* no tener *éxito* (Erfolg) con las mujeres – 14 **por arte de birlibirloque** *loc coloq* por magia – 16 **al saco** *aquí:* más – 22 **hipotecar** *aquí:* poner en peligro uc con una acción – 23 **corriente** normal

lo crea y siga comprando como loca y ¡hala, hala! Los precios para arriba… El caso es que cambio de emisora cabreado, y oigo a una adivina que decía todo lo contrario, que los pisos iban a bajar en picado a partir de julio. Yo, la verdad, entre el banquero y la adivina me quedo con la adivina y, si todo el mundo hiciera lo mismo, los pisos bajaban, ya lo creo que bajaban.

Así que, se ponga como se ponga, por el momento no hay piso. ¡Y que se fastidie, por lo puñetera que es! Siempre protestando, que si no me ayudas en casa…, que si has dejado los calcetines debajo de la cama, que si yo no soy tu criada. ¡Vamos, anda! ¡Si debería dar saltos de alegría por el hombre que tiene! ¿He faltado alguna noche a dormir a mi casa? ¿He llegado muchos días después de las doce? Con los dedos de la mano se podrían contar. ¡Y que no se me ocurra, porque el numerito que puede montar la señora es fino! ¿De qué se quejará? Si hasta me está entrando complejo de Cenicienta, si en cuanto suenan las doce echo a correr y no paro… hasta miedo le tengo. ¿Qué más querrá la hija de su madre? Nunca mejor dicho, la hija de su madre, porque es igual, igualita que mi puñetera suegra. Como se le meta una cosa en la cabeza, hasta que no lo consigue no para. Es tipo gotera. Ahora, que el piso no lo compro. Se ponga como se ponga. ¡No sé cómo la he aguantado tanto tiempo! No sé cómo no he cogido la maleta de una puñetera vez, porque lo que son ganas, la verdad es que muchas veces no me faltan.

(CARLOS *mira el reloj)*.

1 **¡hala, hala!** *Esp interj irón* da ánimos, motiva – 2 **una emisora** canal – 2 **cabreado** *Esp coloq* enfadado – 3 **una adivina** up que sabe que pasará en el futuro – 4 **en picado** rápidamente – 8 **se ponga como se ponga** aunque se enfade – 9 **puñetero** *Esp* molesto, fastidioso, malo – 11 **una criada** up que trabaja en las tareas de la casa – 16 **montar un numerito** *coloq* perder los nervios, actuar fuera de lo normal (ausrasten) – 16 **fino** *irón* de calidad, increíble – 17 **la Cenicienta** Aschenputtel – 19 **una hija de su madre** insulto, prostituta – 21 **puñetera** *Esp coloq aquí:* verdammt – 22 **una gotera** *aquí:* poco a poco sin parar – 23 **aguantar a up** resistir, soportar (aushalten) – 25 **de una vez** *loc* finalmente, definitivamente

La una. La una y sin dar señales de vida. ¡Claro, ella puede entrar y salir sin contar con nadie porque como es una santa, como siempre está haciendo obras de caridad…! Y que no se me ocurra desconfiar, porque ¡madre mía!, un día que le dije algo medio en broma, ¡cómo se puso! Y es que no hay derecho, no hay derecho a que uno tenga que llegar antes de las doce, mareándome encima por encontrar una excusa, y ella, con el rollo de la familia, ni viene ni se le ocurre avisar siquiera. «Pero Carlos, si he ido a casa de mi tía Angélica que no se podía mover de la cama con el lumbago…, yo que culpa tengo si a ti nunca se te puede localizar, como tu trabajo es de calle…» «¡Yo qué culpa tengo! ¡Yo qué culpa tengo!» El que no tengo culpa de nada soy yo. ¿Crees que a mí me gusta estar todo el día de un lado a otro? ¿Crees que me gusta vender corbatas de tienda en tienda? Pues no señora, no me gusta un pimiento, me toca las narices y si lo hago es porque no me queda otro remedio, porque de algo hay que vivir, como me decías cuando me obligaste a coger el empleo. ¡Si hubieras tenido un poco de paciencia…! Pero no, tú erre que erre, «Carlos que no tenemos para el alquiler… Carlos que el teléfono… Carlos que la lavadora… Carlos que no puedes quedarte en casa sin hacer nada…». ¡Con lo que a mí me gusta no hacer nada! Pero ella, a lo seguro. Y lo seguro eran las corbatas. Lo seguro era entrar en el negocio de su tío y tenerme bien cogido en el clan familiar. ¡Y menudo clan, menuda familia tiene! Todos como una piña. Todos preocupadísimos por mí hasta que me pusieron a vender corbatas. Hasta entonces no descansaron los malditos padres.

(CARLOS *se sirve otra copa y cambia de emisora).*

2 **contar con up** tener en cuenta, pensar en up – 3 **una obra de caridad** acción solidaria para ayudar a la gente – 5 **en broma** aus Spaß – 7 **marear a up** *coloq* molestar, fastidiar – 8 **siquiera** por lo menos, como mínimo – 10 **el lumbago** Hexenschuss – 15 **un pimiento** *aquí:* nada de nada – 16 **tocar las narices a up** *Esp loc coloq* molestar, fastidiar a up – 19 **erre que erre** *loc coloq* repetitivamente (nur immerzu) – 24 **cogido** *fig* ≠ libre – 25 **menudo** *interj* Vaya – 25 **como una piña** unidos, juntos

¡Ay! Si hubiera sabido el éxito que me esperaba con las mujeres no me habría casado nunca. Casi sin trabajar podía haber vivido. Total, con desayunar con una y comer con otra me hubiera apañado. ¡Si yo no tengo ambiciones! Pero no pudo ser. Me cazó esta lagarta, la primera que me miró, y yo como un imbécil caí en sus garras. Son casi las dos. ¡Ay! Me ha dado una punzada en el pecho, aquí en el lugar del corazón… y se me baja por el brazo izquierdo…, ¿será un infarto? ¡Qué injusticia tan grande! A mí me está dando un infarto solo en casa y ella con su tía que apenas tiene un dolorcito de lumbago…

Ya se pasó. Habrá sido nervioso.

¿Por qué no me habrá llamado por teléfono? Claro que también podía llamarla yo. ¿Y si no está en casa de su tía? No son horas de despertar a nadie. Bueno, me voy a la cama. Estoy agotado y mañana hay que madrugar. Le dejaré la luz encendida.

(CARLOS *sale por la puerta derecha. Pasados unos segundos vuelve a la escena en pijama y leyendo una* CARTA*)*.

CARTA.—«Querido Carlos: Te escribo porque hubiera sido muy violento decírtelo cara a cara y estoy harta de discusiones. Esta vez es de verdad. Me voy, o mejor dicho, cuando leas la carta ya me habré ido. Me separo de ti para siempre.»

CARLOS.—¿Pero qué dices? ¿Qué bicho te ha picado hoy, vamos a ver?

CARTA.—«Hace ya tiempo que no sentía nada por ti. Bueno, miento, sentía malestar, frustración, agresividad y un vacío

4 **apañarse** *coloq* solucionar uc difícilmente – 5 **cazar** *coloq* conquistar a up con mentiras – 5 **una lagarta** *coloq* mujer mala – 6 **caer en las garras de up** *loc* estar en las manos de up con miedo a un peligro – 7 **una punzada** dolor agudo momentáneo – 10 **apenas** casi no – 15 **agotado** muy cansado – 15 **madrugar** levantarse muy temprano – 23 **picarle un bicho a up** *coloq* actuar de forma rara – 26 **el malestar** incomodidad, desagrado

tan grande que me preguntaba que si esto era la vida, no quería seguir viviendo.»

CARLOS.—¡Pero se ha vuelto loca de repente! Ayer tan normal y hoy me sale con éstas.

CARTA.—«Seguro que ni te has dado cuenta. Vuelves tan tarde y tan cansado y te fijas tan poco en mí… Pero no creas que soy tonta, ni que me he chupado el dedo, ni que me he tragado todas las bolas que me metías. No, para nada. Estaba al corriente de la situación y de lo que no tenía pruebas lo imaginaba.»

CARLOS.—Mentira. No sabe absolutamente nada. Es una zorra. Lo dice a ver si saca algo en limpio, pero si se ha creído que voy a picar en el anzuelo, va lista. Además, aunque supiera, ¿qué es lo que puede saber? ¿Que he salido con algunas chicas? ¡Y eso qué tiene de malo! Pues, anda, que como están los tiempos… ¡Y como están las mujeres… que tienen más libertad que los hombres! Yo hago lo que todo el mundo. Bueno, lo que todo el mundo no, porque la mayoría se separa y dejan a la mujer plantada con los hijos y sin pasarle un duro. No tenemos hijos pero nunca los abandonaría. Como no abandono a mi mujer. Es cuestión de principios.

CARTA.—«He sufrido mucho a tu lado. Sólo los dos primeros años fueron buenos, pese a los problemas económicos. Entonces me querías, pero después… no sé lo que pasó.»

6 **fijarse en up** mirar con atención – 7 **chuparse el dedo** *coloq* ser tonto, no saber nada – 8 **una bola** mentira – 8 **meter una bola** *coloq* mentir – 8 **para nada** *loc coloq* claro que no, en ningún caso – 9 **estar al corriente de uc** *loc* saber, conocer una información – 12 **zorra** *vulg puta* (Nutte) – 12 **sacar uc en limpio** *loc* ganar o conseguir uc – 13 **picar el anzuelo** *loc coloq* ser engañado o mentido – 13 **ir listo** *interj coloq* expresa la seguridad de que los planes de up no saldrán bien – 19 **dejar a up plantada** *coloq* abandonar a up – 20 **sin pasarle un duro** *Esp loc* sin darle dinero – 24 **pese a** a pesar de, aunque

CARLOS.—¡Qué va a pasar! Nada, que no se puede estar siempre como el primer día.

CARTA.—«Lo cierto es que en los últimos años hasta me había olvidado de que era una mujer. Me sentía como un mueble, como un robot que se levantaba, arreglaba la casa, preparaba la comida, lavaba, planchaba y esperaba con ansiedad que regresaras. Y siempre para nada. Mantuve la esperanza demasiado tiempo pensando que cambiarías, que me mirarías como a una mujer, que me besarías con ardor. ¡Lo deseaba tanto! Pero el milagro no se producía. Tú ya venías harto de besos nuevos, frescos y excitantes.»

CARLOS.—*(Tirando la* CARTA *al suelo).* ¡Si piensas que voy a seguir leyendo tonterías, estás pero que muy equivocada! Vamos a ver, ¿qué quejas puedes tener de mí? ¿No te doy dinero bastante para la casa y para todos los caprichos que se te antojan? Hasta un lavaplatos te he comprado. ¡La falta que nos hará un lavaplatos para dos personas que somos y yo que casi nunca como al mediodía! ¿Y la lavadora-secadora que vale cuatro veces más que la corriente? Total, ¿para qué? Para secar cuatro camisas… Y el año pasado se te antojó un abrigo de pieles, ¿te puse algún impedimento para que lo compraras? La verdad, María, no sé lo que quieres de mí, no te entiendo. Cualquier mujer estaría encantada y tu siempre insatisfecha, siempre de morros, con la cara larga haga lo que haga.
Además, ¿sabes lo que te digo? Que no me creo que te vayas. ¿Adonde vas a ir con la edad que tienes? ¡Y con lo vieja que estás! ¡Como no te vayas con alguna de tus tías…! ¡Pues vaya cambio! Dejas tu casa, tu marido y veinte años de matrimonio sin motivo ninguno, por puro capricho,

5 **arreglar** ordenar y limpiar – 6 **con ansiedad** con ganas – 7 **mantener** continuar teniendo uc – 10 **el ardor** pasión – 11 **harto** cansado – 16 **antojarse uc a up** encapricharse, desear uc – 21 **un impedimento** obstáculo, dificultad – 24 ***estar* de morros** *Esp loc coloq* enfadado – 25 **con la cara larga** *coloq* triste

porque te da la vena, porque te aburres, porque ya no es como antes. Olvídate de romanticismos, mujer, que los tiempos no están para bromas.
Nunca debí dejarte que te pusieras a trabajar. Si no tuvieras un trabajo no me montarías estos números. Pero, claro, allí las amigas te calentarán la cabeza. Seguro que hay muchas separadas y tú, tan inocente, no has querido ser menos. Pensarás que es más moderno separarse. Volverás. Ya lo creo que volverás. Y quizás esta misma noche. No es la primera vez que das la espantada y te vas a dormir con tu tía del alma. Voy a llamar. Seguro que está allí.

(Marca el número del teléfono). ¿Está María? Perdone que la moleste a estas horas, pero no me ha dejado ninguna nota y empezaba a preocuparme… ¿De viaje? ¿Que se ha ido de viaje…? No, no me ha dicho nada… Buenas noches, adiós.

(CARLOS *cuelga el teléfono).* ¿De viaje? Esto me mosquea un rato.

(*Vuelve a coger la* CARTA *del suelo y continua leyendo).*

CARTA.—«Hace unos meses conocí a un hombre en una cafetería. Él también se encontraba solo desde que murió su mujer.»

CARLOS.—¡Un viudo! Tendrá ochenta años y hasta le parecerías joven.

CARTA.—«Es más joven que yo, le llevo casi siete años, pero no le importa.»

1 **darle la vena a up** *loc coloq* tener una idea por la que up hace o dice uc loca – 3 **una broma** *aquí:* tontería – 6 **calentar la cabeza a up con uc** *loc coloq* llenar de ideas, hablar mucho de uc – 10 **dar la espantada** *huir* (fliehen) – 11 **del alma** querido – 16 **mosquear** *Esp coloq* hacer uc sospechar, dudar o desconfiar de uc – 17 **un rato** *aquí:* mucho – 24 **llevarle + *tiempo* a up** tener más edad que uc

CARLOS.—¡Qué extraño! Aquí hay gato encerrado. Será un listillo. Habrá pensado que tienes dinero. Como irías con el abrigo de pieles. La culpa es mía. Soy un imbécil. ¿Por qué te lo regalaría?

CARTA.—«Al principio creí que se estaba riendo de mí. ¡Fíjate, me encontraba atractiva!»

CARLOS.—Ese viudo debe estar ciego o cuando menos tiene cataratas.

CARTA.—«El caso es que a partir de ese día nos seguimos viendo. Hace ya seis meses.»

CARLOS.—¡Vaya con la mosquita muerta! ¡La fiel esposa, la que se indignaba cuando me permitía la más mínima broma! Seis meses poniéndome los cuernos y yo sin enterarme. ¡Sinvergüenza, puta, ramera!

CARTA.—«Al principio me sentía culpable.»

CARLOS.—¡Vaya, es un consuelo!

CARTA.—«Pero después, pensando en los dieciocho años que llevas engañándome tú, me pareció una tontería.»

CARLOS.—No es ninguna tontería. ¡Qué va a ser una tontería! ¿Acaso piensas que es lo mismo el engaño de un hombre que el de una mujer? ¿Pero estás en la luna, o qué? ¡Si estuvieras aquí no sé lo que te haría! ¿Te das cuenta de lo

1 **haber gato encerrado** *loc coloq* haber un secreto o uc detrás que no se ve – 2 **un listillo** *Esp coloq despect* up que cree que sabe mucho – 8 **las cataratas** *pl grauer Star* – 11 **una mosquita muerta** *coloq* up que parece débil pero que busca su provecho – 11 **fiel** leal (treu) – 12 **indignarse** enfadarse (empören) – 13 **ponerle los cuernos a up** *loc coloq* ser infiel – 14 **un sinvergüenza** up sin valores ni principios – 14 **una ramera** insulto, puta – 16 **un consuelo** Trost – 18 **engañar a up** mentir, no ser fiel – 20 **un engaño** mentira – 21 **estar en la luna** *fig coloq* estar fuera de la realidad

que has hecho? ¿Te das cuenta de lo que estás haciendo de mí? Primero vendedor de corbatas y ahora un cornudo. A ver, dime, dime con qué cara me presento mañana en el trabajo. Vamos, habla… Tú lo que quieres es hacerme un desgraciado. Un hombre tiene que dar buena imagen, seguridad, ¿y qué seguridad voy a transmitir lleno de cuernos y abandonado? Ninguna, ninguna. No venderé una sola corbata. La seguridad es muy importante en la vida.

CARTA.—«El caso es que he recobrado la seguridad en mí misma, no sólo como mujer sino en todo, ya no me dan miedo los coches, ni los perros, ni nada.»

CARLOS.—Muy bonito, has recobrado la seguridad a costa de la mía.

CARTA.—«Hasta me veo guapa. ¡No te rías, es de verdad! Me desea más que a ninguna otra mujer. Debe de ser porque está enamorado. He vuelto a creer en el amor, Carlos, y es maravilloso. Te deseo la misma suerte.

CARLOS.—¡Mierda, mierda, mierda! *(Arrugando la* CARTA *entre las manos).* ¿Sabes lo que te digo? Que me alegro de que te vayas. Que estaba de ti y de tus caprichos hasta la coronilla. Que eres fea, vieja y no vales nada, que prefiero estar con cualquier chica de la calle que contigo, que si no te he dejado antes es porque soy un hombre de bien, con principios, y sobre todo porque me dabas lástima.

CARTA.—«A ti no te será difícil rehacer tu vida con una o con varias, como te apetezca.»

2 **un cornudo** *coloq* up a quien le han sido infiel – 5 **un desgraciado** up que sufre – 7 **un cuerno** *fig* Horn – 9 **recobrar** volver a tener uc perdida – 18 **arrugar** zerknüllen – 20 **estar hasta la coronilla de uc o up** *loc coloq* estar harto de uc – 24 **dar lástima** sentir pena por up o uc – 25 **rehacer** empezar de nuevo

CARLOS.—Desde luego que no, mañana mismo si quiero.

CARTA.—«Este encuentro ha sido un milagro que nos puede librar a los dos. La verdad es que no comprendo cómo has podido estar conmigo tanto tiempo gustándote tan poco.»

CARLOS.—El que no lo comprendo soy yo.

CARTA.—«En el fondo es posible que te diera lástima dejarme después de tantos años.»

CARLOS.—No me daba lástima. ¡Me daba rabia! ¡Rabia de sentirme atado, rabia de necesitarte para toda la vida! Sería la costumbre porque ¿qué otra cosa podía ser? Bueno, veamos cómo acaba la novelita rosa.

CARTA.—«Nos vamos a vivir fuera. Es extranjero. Puedes quedarte con todo. Él tiene una buena posición y yo trabajaré. Nunca dejaré de trabajar. Adiós y que todo te vaya bien. Sinceramente. María.»

CARLOS.—¿Al extranjero? ¿Se va al extranjero? No, ni que lo piense, a mí no me hace una tía esto. Se va a enterar de lo que vale un peine.

(CARLOS *marca nervioso un teléfono).*

¿Policía...? Buenas noches. Oiga, por favor, me encuentro en un gravísimo apuro, le ruego que me ayuden... Es una situación desesperada... De mi esposa, se trata de mi esposa... No, no ha tenido ningún accidente... no, desgracia tampoco. ¡Pues por

3 **librar** liberar (→ libre) – 6 **en el fondo** en realidad, de hecho – 8 **la rabia** ira, enfado grande – 9 **atado** sujeto, ≠ libre – 10 **una costumbre** *aquí:* rutina – 11 **una novelita rosa** *despect* novela romántica – 17 **se va a enterar de lo que vale un peine** *Esp coloq* expresa *amenaza* (Drohung) – 21 **un apuro** problema – 21 **rogar** pedir uc repetitiva y continuamente – 23 **una desgracia** uc terrible *p ej* una muerte

qué va a ser! Porque se ha largado con otro… Gracias, pero el que lo siento soy yo… ¿Que qué quiero que hagan? Pues que la busquen y que me la traigan a casa… Morena, de estatura normal, ni alta ni baja… cuarenta y dos años…, ni guapa ni fea, corriente, una mujer vulgar y corriente… Puede que lleve un abrigo de pieles, pero no estoy seguro… ¿Una denuncia? No hay tiempo para denuncias. Piensa irse de viaje…, al extranjero lo más probable, y tienen que impedirlo. Si logra coger el avión no volveré a verla jamás. La conozco muy bien, es cabezota como ella sola y cuando toma una decisión… ¿Que qué avión va a tomar? ¡Y yo qué sé! Si lo supiera no estaría perdiendo el tiempo en el teléfono… ¿A qué país? Tampoco lo sé… Por una carta que me ha dejado… No, no dice nada del avión, sólo que el tipo que se la ha enrollado es extranjero. Extranjero y viaje, pues está claro… Él debe tener unos treinta y tantos años… No, viudo… Sí, más joven que ella y ¡también tiene más dinero que yo!… Perdone, estoy muy excitado… No, no tengo idea de la nacionalidad. ¡Ni me importa un rábano!… Perdone otra vez… Lo del avión me lo imagino, es más rápido para quitarse de en medio, pero puede que usted tenga razón y se vaya en tren o en coche… Sí, tendrán que vigilar también las estaciones y las carreteras… ¿Que no pueden? ¿Cómo no van a poder?… ¿Complicado?… ¿No lo hacen cuando se escapa un terrorista?… ¿La seguridad del Estado? ¿Y mi seguridad? ¿Es que mi seguridad no le importa a nadie? Si pudiera verme…, estoy tan inseguro que hasta me tiemblan las manos… No, nunca la he maltratado… Le he dicho que no, que nunca le he puesto la mano encima… ¿Que no puede hacer nada? ¡Tienen que ayudarme, me encuentro tan mal!… No necesito ningún médico y menos un psiquiatra. ¿Qué se piensa, que estoy loco?… Oiga usted, yo pago mis impuestos y tengo derecho como el que más. Les hago una llamada de socorro y están

1 **largarse con up** *coloq* irse, marcharse – 6 **una denuncia** Anzeige – 8 **impedir** hacer uc para que no pase uc – 9 **un cabezota** Dickkopf – 18 **me importa un rábano** *loc coloq* no me interesa nada – 20 **quitarse de en medio** irse, huir – 21 **vigilar** controlar – 26 **temblar** zittern – 31 **un impuesto** dinero que se paga al Estado – 32 **como el que más** como toda la gente – 32 **el socorro** ayuda

obligados a ayudarme. ¿Me oye? ¿Me oye? ¡Mierda, me ha colgado!

(CARLOS *se toma de un trago otra copa y marca de nuevo un teléfono).*

Angélica, ¿dónde está María?... Sí, usted lo sabe, claro que lo sabe. María no da un paso sin consultar a su familia... De viaje, sí, pero ¿adónde?... Aunque me lo jure por sus muertos no la creo... Se arrepentirá de esto, se arrepentirá toda la vida si no me lo dice. Soy su marido y tengo derecho a saberlo... ¿No me lo dice, eh? Pues yo sí que le voy a decir unas cuantas cosas. ¿Sabe lo que es usted y toda su familia? Unos hipócritas y unos traidores encubridores, y su sobrina, ¿sabe lo que es? Una zorra, una ramera, una grandísima puta. ¿Angélica? ¿Angélica...? ¡Mierda! Otra que no quiere oír. ¡Pues me van a oír aunque no quieran! ¡Ay, la punzada! *(Echándose la mano al pecho).* Tengo que relajarme..., respirar hondo..., porque me va a dar el infarto. Y lo que siento no es morirme. Lo único que siento es que esa hija de su putísima madre se salga con la suya. «El amor... He vuelto a creer en el amor y es maravilloso»... ¿Qué sabrás tú lo que es el amor? ¡Vuelve, María! No me dejes solo. Yo te quiero, a mi manera, pero te quiero. No me importa que seas vieja, ni fea, ni que fueras ciega, coja o jorobada. No me importa nada de nada. Tu sitio está aquí, no seas loca, aquí, en tu casa, con tu marido. Necesito verte al volver del trabajo o de donde coño sea. ¿Qué te importa de dónde venga si al final éste es mi puerto, donde quiero dormir y despertar? No me hagas un desgraciado. Te lo prometo, María, voy a cambiar. Cambiaré por ti. Ya verás, todo será como antes, como cuando

3 **un trago** sorbo – 6 **dar un paso** *aquí:* tomar una decisión – 7 **jurar** schwören – 8 **arrepentirse** sentirse mal por lo que ha hecho o dicho – 11 **un hipócrita** up que actúa o habla de forma diferente a como piensa – 12 **un traidor** Verräter – 12 **un encubridor** up que protege u oculta uc – 15 **echarse** *aquí:* poner – 16 **hondo** profundamente – 18 **salirse uc con la suya** *loc* conseguir lo que se quiere – 22 **cojo** Hinkender – 22 **jorobado** Buckliger – 25 **coño** *Esp interj* expresa enfado – 26 **un puerto** *fig* aquí: punto de referencia (Hafen)

nos conocimos. Te mimaré, te haré caricias, te sacaré al cine y al teatro, iremos a cenar. Te juro que será distinto pero, por lo que más quieras, vuelve.

Lo que siento por ti no se puede expresar, no tiene nombre, es algo muy fuerte, más fuerte que yo, más poderoso que el sexo y que el amor. Te necesito, María. Por última vez te lo pido. ¡Vuelve!

¿No vienes, eh? Pues ya me he cansado, ya no te suplico más.

(CARLOS *se sirve una copa y se la toma de un trago).*

¿Qué crees, que no hay mujeres en el mundo? Pues estás muy equivocada. Y cualquiera vale más que tú. A ver, ¿qué tienes de especial? Nada, de especial no tienes absolutamente nada. Para colmo, ni siquiera eres atractiva, por mucho que lo diga ese extranjero. Eres vulgar, del montón y en una edad difícil, no me lo irás a negar. ¡Veremos a ver lo que haces cuando ese tipo te deje! A mí no se te ocurra buscarme.

(CARLOS *se sirve otra copa y la bebe pausadamente saboreándola).*

Parece que la estoy viendo. En el aeropuerto. El extranjero la lleva cogida por los hombros del abrigo de piel que le regalé yo y que le sentaba tan bien. La besa. La besa una y otra vez en la mejilla, en la oreja, con ternura, con pasión, con promesas. Ella se deja hacer, pero de pronto se acuerda de mis besos. Se retira… Se aleja. Él se inquieta. «¿Qué te pasa?», le pregunta.

1 **mimar** tratar a up con especial atención – 1 **una caricia** tocar ligeramente el cuerpo de up – 1 **sacar** *aquí:* llevar – 2 **Por lo que más quieras** expresa énfasis, por favor – 8 **suplicar** rogar – 14 **para colmo** *coloq* además de uc (noch dazu) – 15 **del montón** nada especial, normal, corriente – 16 **negar** decir que uc es mentira – 19 **saborear** disfrutar el sabor, gusto de uc – 22 **sentar a up *bien* uc** quedar, estar uc a up – 23 **una mejilla** Wange – 23 **la ternura** amabilidad, delicadeza – 25 **retirarse** separarse de uc, tomar distancia – 25 **inquietarse** preocuparse, ≠ tranquilizarse

«Nada», responde ella. Él vuelve a preguntar, nervioso. Ella tarda en contestar. «Nada, que no puedo olvidar a mi marido, lo siento, me vuelvo a casa».

(*Suena un timbre imaginario y potente*).

Ahí está. ¿Tengo o no tengo razón?

(CARLOS, *dando tumbos, abre la puerta. Puede ser cualquiera de las dos. Nadie entra*).

Pasa, pasa, estás en tu casa. Siéntate, ¿quieres tomar una copa? Lo suponía, nunca bebes, es igual, aunque deberías aceptarla por hacerme compañía. ¿Qué, te lo has pasado bien con ese pollo? Muy bien no estarías cuando has vuelto tan pronto. Si es lo que yo te digo, ¿adónde vas a ir tú con esa pinta y esa edad? ¿Y dónde vas a encontrar a un marido más atractivo que yo? ¡Así, así las tengo a todas, locas por mí, porque soy un superdotado, un superman, un todoterreno, un don Juan, un Rodolfo Valentino, un macho ibérico.

(CARLOS, *que con dificultad por la borrachera ha pronunciado las últimas palabras, se desploma redondo dejando caer la copa al suelo).*

TELÓN

4 **potente** con mucha fuerza, sonido muy alto – 6 **dar tumbos** *coloq* caminar sin mantener el equilibrio, moverse de un lado a otro – 6 **cualquiera** einer – 10 **hacer compañía a up** estar con up, acompañar – 11 **un pollo** *coloq* tío, tipo, hombre – 12 **la pinta** aspecto físico – 18 **redondo** completamente *aquí:* intensifica al verbo – 20 **un telón** Vorhang *aquí:* indica final de la obra de teatro

Carmen Resino

Ultimar detalles

Personajes
LUNARCITOS
SEÑOR RUEDA

Una vieja corista pone en tela de juicio los principios de un caballero ortodoxo que, como condición para casarse, le exige una nueva conducta.

Interior. Cuarto de estar de un piso modesto. En imagen LUNARCITOS, *mujer madura, un poco ridícula y como pasada de moda. Fondona.*

Va de un lado a otro, nerviosa, arreglándolo todo: coloca unas sillas, cambia unos ceniceros... El aspecto de la habitación parece preocuparle mucho. Fuma. Se oirá una música revisteril estilo Celia Gámez, como esa que dice: «Si me quieres mirar, ¡mírame!», que LUNARCITOS *seguirá alegremente mientras se afana en sus trajines.*

LUNARCITOS.—No puedo negar que estoy nerviosa. Bueno, es para estarlo, digo yo. A una no le piden casarse todos los días. Ni todos los días ni nunca. Ningún hombre me pidió que me casara con él. Otras cosas, otras cosas, sí, ¡pero casarme...! Mira por dónde a la vejez... *(Ríe)*. ¡Qué absurdo! ¡Con lo bien que estaba yo hace unos años, y, ahora, precisamente ahora...! Y si el Sr. Rueda fuera un

4 **un lunarcito** *dim* **lunar** Muttermal – 6 **una corista** mujer que canta y baila en un espectáculo de *revista* (Revue) – 6 **en tela de juicio** *loc* en duda – 8 **una conducta** forma de actuar – 10 **ridículo** que produce risa por raro – 11 **fondón** *Esp* gordo – 13 **un cenicero** Aschenbecher – 14 **revisteril** de género de revista – 15 **Celia Gámez** (1905-1992) actriz hispano-argentina muy popular en la revista y por su personalidad – 17 **afanarse** trabajar duro – 17 **un trajín** actividad, movimiento de un lado a otro haciendo cosas – 22 **a la vejez viruelas** *refrán* enamorarse o hacer locuras de mayor

jubilado ramplón, con achaques, la cosa no tendría tanta importancia pero, mira por dónde, ¡una buena boda!: viudo, rico, sin hijos, con muy buenas relaciones, muy buena casa, ¡hasta cocinera!, ¡magnífico coche...! ¡Yo creo que está algo loco! Además, no es ninguna facha. Otoñal, ¡claro! No iba a tener encima treinta años, pero con buen porte, con distinción. En una palabra: la lotería. Llega siempre, más pronto o más tarde. Y por si fuera poco, me dice que me da unos días para pensarlo, como si hiciera falta.

(Sonríe satisfecha. Busca en la radio música. Ésta se oye en tono menor).

Desde luego, me ha venido Dios a ver: ya no sirvo para la escena. Son muchos años ya, muchos kilos para esas agotadoras funciones diarias, para ese: «¡un, dos, un, dos, alce más la pierna! ¡A ver cuándo se jubila, Lunarcitos, que hay que moverse más...!». ¡Pues claro que voy a jubilarme! Y van a morirse de envidia esas tipas idiotas que se creen reinas por estar como espárragos y ese tonto que me mete en las filas de atrás haciendo bulto...

(Fuma. Vuelve a sonreír satisfecha. Se sirve una copa y se la bebe de un trago. Se oye el timbre de la puerta. LUNARCITOS *se coloca bien la falda, se retoca el pelo, se perfuma la boca con un spray y va a abrir.* LUNARCITOS *abre la puerta y entra el* SEÑOR RUEDA. *Tiene un aspecto impecable. Lleva sombrero y bastón. Se los da a* LUNARCITOS *junto con el abrigo que, después de quitárselo, ha doblado muy cuidadosamente. El* SEÑOR RUEDA *pasa al cuarto de estar.* LUNARCITOS *le ofrece*

1 **ramplón** vulgar, simple, corriente – 1 **un achaque** dolor, enfermedad (por la edad) – 5 **una facha** *coloq* up ridículo, extravagante o feo – 6 **el porte** apariencia, aspecto, presencia – 12 **venir Dios a ver uc** *loc* pasar uc bueno cuando hay necesidad – 13 **la escena** *aquí:* teatro, actuación – 14 **agotador** que cansa mucho – 15 **jubilarse** dejar de trabajar (por la edad) – 17 **la envidia** deseo de uc que tiene otro – 19 **hacer bulto** *loc coloq* estar en un grupo para hacerlo mayor – 22 **retocarse** arreglar, poner en orden – 24 **impecable** perfecto – 25 **un bastón** palo para sujetarse

una silla en la que se sienta muy estirado mientras observa escrutador alrededor. LUNARCITOS, *después de dejar las cosas del* SEÑOR RUEDA, *se sienta a su lado muy modosa. Hay un silencio.* LUNARCITOS *se retoca el pelo con coquetería ridícula.* Se *estira la falda. Sonríe. Él carraspea*).

LUNARCITOS.—Buen tiempo, ¿verdad...?

SEÑOR RUEDA.—Sí, sí... pero si mal no recuerdo, no estamos aquí para hablar de eso.

LUNARCITOS—Es cierto... tú dirás...

(LUNARCITOS *juega a hacerse la vergonzosa: le mira sonriente como una niña ingenua. Él se engola: parece que va a hablarle de negocios).*

SEÑOR RUEDA.—¿Pensó usted bien mi proposición?

LUNARCITOS.—¡Por Dios, señor Rueda! No tenía que pensarla. Y no me llame de usted... ¡a estas alturas...!

SEÑOR RUEDA.—Que me guste usted no es condición para faltarle al respeto...

LUNARCITOS.—*(Confusa).* En realidad... no había pensado... tiene usted toda la razón... pero si me lo permite, preferiría tutearle... se me hace más fácil esta situación... Comprenda, la costumbre...

1 **estirado** recto – 2 **escrutador** observador, examinador, cuidadoso – 3 **modoso** con buen comportamiento y educación – 5 **estirar** tirar de uc, alisar (strecken) – 5 **carraspear** toser para aclarar la voz – 10 **vergonzoso** → vergüenza – 11 **ingenuo** inocente, que lo cree todo – 11 **engolar** dar profundidad y sonido a la voz – 15 **¡A estas alturas!** *loc* en esta situación

SEÑOR RUEDA.—*(Con gravedad).* Hablar ahora precisamente de sus costumbres, no me parece lo más indicado. Pero dejemos eso: siempre me gustó ir al grano, al fondo de la cuestión. De no haber sido así, no sería rico…

(LUNARCITOS *pone gesto de admiración. Le quita una mota de polvo de la chaqueta. Él se engola más. Ella le sonríe embelesada).*

Por lo que veo, usted me dice que sí… *(Ella afirma).* Bien, entonces, sólo queda ultimar detalles…

LUNARCITOS.—*(Desconcertada).* ¿Detalles?

SEÑOR RUEDA.—¡Naturalmente que detalles! No vamos a casarnos así, por las buenas, diciendo sólo que nos queremos mucho. Hay que tocar algunos puntos, algunas circunstancias más o menos delicadas. Complicar esto tan sencillo aparentemente, pero que no lo es en absoluto.

LUNARCITOS.—*(Desinflada).* Tú dirás…

SEÑOR RUEDA.—*(Se pone en pie. Pasea. Carraspea un poco. Con autoridad).* Punto primero: ante todo, la vida artística, si es que levantar la pierna tiene algún arte, debe descartarse.

1 **la gravedad** seriedad – 2 **indicado** *aquí:* adecuado, ideal – 3 **ir al grano** *loc coloq* hablar directamente de lo importante a tratar – 3 **el fondo de la cuestión** lo esencial e importante – 6 **una mota** partícula, pequeña cantidad de uc – 6 **el polvo** Staub – 7 **embelesado** fascinado, maravillado – 8 **afirmar** decir sí (con la cabeza) – 10 **desconcertado** desorientado, sin saber qué pensar – 12 **por las buenas** *loc aquí:* de cualquier manera, fácilmente – 14 **una circunstancia** situación, estado de las cosas – 15 **sencillo** fácil – 15 **aparente** que parece pero no es – 15 **en absoluto** de ningún modo – 16 **desinflado** desanimado, desilusionado rápidamente – 20 **descartarse** eliminarse, desaparecer

LUNARCITOS.—*(Contentísima).* ¡Por supuesto! No sabe el favor que me hace... *(Se levanta nerviosa).* ¿Una copita? ¿Un cigarrito?

SEÑOR RUEDA.—No me interrumpa y no cambie de conversación. Siéntese.

(LUNARCITOS *se sienta sumisa).*

Reconozca: ya no tiene edad para esos saltitos ridículos.

(LUNARCITOS *se pone en pie entusiasmada. Casi le falta aplaudir).*

LUNARCITOS.—¿Verdad que lo son? ¡Un, dos, un, dos! *(Levanta la pierna en un can-can algo patético).*

SEÑOR RUEDA.—¡Siéntese!

(LUNARCITOS *vuelve a sentarse mansamente).*

Continúo: desde ahora, tendrá que ser una señora. ¿Se hace idea de lo que es eso?

(LUNARCITOS *afirma).*

Sigo: voy al punto tercero, que en realidad está incluido en el primero: nada de frecuentar antiguas amistades. El teatro y ese mundillo fétido, como si nunca hubieran existido.

LUNARCITOS.—*(Con alegría mal disimulada).* ¡Como si nunca hubieran existido!

4 **interrumpir** no dejar terminar de hablar a up – 6 **sumiso** que hace lo que se le dice – 7 **reconocer** decir que uc es verdad – 11 **el can-can** cancán, baile francés rápido – 13 **manso** sumiso – 18 **frecuentar** visitar, tener relación – 19 **el mundillo** *fig* mundo, ambiente – 19 **fétido** de mal olor – 20 **disimulado** que no muestra lo que siente

SEÑOR RUEDA.—Solamente mis amigos serán desde hoy sus amigos: gente importante y respetable.

(*Rotunda afirmación por parte de* LUNARCITOS).

Sobre todo respetable. Nada de salidas nocturnas: excepto conmigo, se entiende, y como yo no salgo nunca... Usted decidirá si está o no dispuesta a aburrirse.

LUNARCITOS.—Le... le aseguro que no me aburriré en absoluto. Pe... pero ¿de verdad que no quiere una copita... ni un café?

SEÑOR RUEDA.—No me interrumpa, por favor... se me van las ideas y esto de hoy no es una chiquillada.

LUNARCITOS.—Desde luego que no.

SEÑOR RUEDA.—Bien, ahora vayamos al segundo punto que en realidad es el cuarto del primero. *(Se acerca a* LUNARCITOS. *La mira fijamente. Como si esto no fuera bastante, se pone las gafas* y *le coge la cara).* Usted se pinta en exceso. Desde ahora, no puede pintarse así... *(Siguiendo con el dedo la línea de los labios).* El perfilador la hace enormemente exagerada.

LUNARCITOS.—*(Disculpándose).* Tienes razón, pero en la escena...

SEÑOR RUEDA.—*(Rotundo).* Convinimos en olvidar la escena.

LUNARCITOS.—*(Con ensoñación).* No deseo otra cosa.

3 **rotundo** radical, categórico – 6 **dispuesto a uc** preparado para uc – 11 **una chiquillada** tontería, cosa de niños – 18 **un perfilador** lápiz para marcar la forma de los labios – 19 **exagerado** excesivo, más de lo necesario de uc – 22 **convenir** llegar a un acuerdo – 23 **la ensoñación** fantasía, ≠ realidad (→ soñar)

(*El* SEÑOR RUEDA *se echa hacia atrás y observa a* LUNARCITOS *de arriba abajo).*

SEÑOR RUEDA.—A ver: vuélvase... gire, gire... (LUNARCITOS *lo hace extrañada).* Nada, nada en absoluto. No me gusta su forma de arreglarse, ni de peinarse, ni de moverse. A ver... ¡ande, ande...! (LUNARCITOS *pasea ante él con gesto entre desconcertado y meloso. Él niega con la cabeza y con fastidio).* Fatal. Totalmente. Ahora diga: buenas tardes, SEÑOR RUEDA.

LUNARCITOS.— ¿Para qué?

SEÑOR RUEDA.—Déjese de preguntas inútiles. No me sobra el tiempo. Repita lo que le he dicho.

LUNARCITOS.—*(Intimidada).* Buenas tardes, SEÑOR RUEDA.

SEÑOR RUEDA.—¿Qué quiere que le diga? Tampoco me gusta su forma de hablar. *(Imitándola).* Buenas tardes, señor Rueda... ¿Por qué tiene esa pronunciación tan horrible? Antes de casarnos, tendrá que haber variado todo esto. Le doy un mes, como máximo, para conseguirlo.

LUNARCITOS.—No se preocupe: quedará totalmente satisfecho.

(*Breve silencio. El* SEÑOR RUEDA *pasea intranquilo dándole a otro asunto).*

SEÑOR RUEDA.—...También está, naturalmente, el asunto religioso... Usted, me imagino, no practica. ¿Me equivoco?

4 **extrañado** sorprendido – 5 **arreglarse** *aquí:* pintarse – 7 **meloso** dulce, suave – 8 **el fastidio** enfado, molestia – 11 **sobrar** haber más de lo necesario de uc – 13 **intimidado** asustado, con miedo – 21 **breve** corto – 22 **un asunto** tema, cosa – 24 **equivocarse** hacer un error

LUNARCITOS.—*(Medrosa).* No... no se equivoca...

SEÑOR RUEDA.—Desde ahora tendrá que hacerlo.

LUNARCITOS.—¡Si no me importa! No pienses que soy una descreída. Una lo va dejando por pereza... pero...

SEÑOR RUEDA.—*(Cortándola violentamente).* Sus sentimientos sobre el particular no me importan. Usted sólo tiene que considerar que se casa con un hombre de cierta importancia y que tiene que guardar las apariencias. Que usted sea más o menos sincera, no me importa gran cosa. Lo entiende, ¿no?

LUNARCITOS.—¡Naturalmente! ¿Un cigarrillo, ahora?

SEÑOR RUEDA.—No. He dejado radicalmente de fumar. Algo que, por supuesto, también dejará usted: no quiero vivir en un ambiente contaminado... Nada de tabaco, de bebidas, de café. Usted, tampoco. No voy a estar conviviendo en plena tentación. También sería injusto por su parte.

(LUNARCITOS *afirma con cierta tristeza. Aplasta contra el cenicero el cigarrillo que acababa de encender).*

Comprenda, a mi edad, si uno se cuida...

LUNARCITOS.—Es cierto. Si uno se cuida, pues... Verdaderamente es lástima que se muera uno igual, ¿verdad?

1 **medroso** tímido, miedoso – 4 **descreído** sin fe, que no cree – 5 **cortar a up** interrumpir, no dejar hablar – 7 **considerar** tener en cuenta, pensar – 7 **cierto + SUST** indica uc inconcreta, indeterminada – 8 **guardar las apariencias** *loc* disimular, hacer como si – 9 **gran cosa** mucho – 15 **convivir** compartir – 15 **en pleno** *loc* completo, dentro de – 17 **aplastar** presionar uc deformándola

SEÑOR RUEDA.—Sí, una completa lástima. *(El* SEÑOR RUEDA *sigue paseando por la habitación.* LUNARCITOS *le observa).* Bien, bien... claro, después de todo esto, se preguntará por qué me pienso casar con usted si no me gustan tantas cosas suyas, si quiero que cambie casi en su totalidad. *(Se para solemne).* Reconozco que me he prendado de usted.

(LUNARCITOS *hace intención de ir hacia él entusiasmada).*

No, no me diga nada: bastante lo siento yo. Pero como no estoy hecho para la renunciación ni para el sufrimiento, antes de apretarme el cinturón respecto a usted, prefiero que sea usted quien lo haga respecto a mí. ¿Entendido?

(LUNARCITOS *afirma).*

Es sumamente fácil: Además, será usted la más favorecida... Claro que todavía queda otro asunto. Desde luego, el más espinoso.

(El SEÑOR RUEDA *se sienta. Tamborilea nervioso sobre la mesa.* LUNARCITOS *le mira preocupada).*

... No es que lo anterior carezca de importancia, pero esta condición que voy a imponerle es la más fundamental y está fuera de toda discusión... Usted, si mal no recuerdo, tiene un hijo natural. No me lo niegue ahora. Usted misma me lo dijo...

LUNARCITOS.—*(Con infantil alegría).* Sí, sí, Pablito... Un muchacho encantador...

6 **solemne** majestuoso, digno – 6 **prendarse de up** enamorarse – 9 **la renunciación** Verzicht – 10 **apretarse el cinturón** *loc* dejar voluntariamente uc – 13 **sumo** muy, mucho – 13 **favorecido** ganador, beneficiado – 15 **espinoso** difícil – 16 **tamborilear** tocar con los dedos sobre una superficie – 18 **carecer** no tener – 19 **imponer** obligar a uc – 21 **natural** fuera del matrimonio – 23 **encantador** muy agradable, majo

SEÑOR RUEDA.—No me interesa que sea o no encantador.

LUNARCITOS.—¡Y guapo! Casi tan guapo como su padre.

SEÑOR RUEDA.—No me parece decente que hable usted de su padre en estos momentos.

LUNARCITOS— *(Con ingenuidad).* ¿Por qué no? Es, al fin y al cabo, el padre de Pablito: un honorable funcionario. Una bellísima persona.

SEÑOR RUEDA.—Por muy honesto y bella persona que sea.

LUNARCITOS.—*(En su idea).* Pero el chico también se parece a mí… sobre todo, cuando sonríe. Y es inteligente, muy inteligente.

SEÑOR RUEDA.—Bueno, las virtudes de su hijo no me interesan. Y, desde ahora, y esto es lo que quería decirle, tampoco pueden interesarle a usted. Yo no tengo inconveniente en correr con todos los gastos de su educación, pero nada de contactos, de visitas, de encuentros furtivos. En una palabra: usted no tiene hijo. No le faltará de nada, pero no tiene hijo. Puede comprender que no voy a aceptar a estas alturas un hijo de otro y no legal además, cuando no los he tenido propios ni espero tenerlos ya. Tiene que comprenderlo.

LUNARCITOS.—*(Con tristeza).* Naturalmente que lo comprendo.

3 **decente** moral, adecuado – 5 **la ingenuidad** inocencia, sinceridad – 5 **al fin y al cabo** *loc* después de todo, finalmente – 6 **honorable** respetable – 6 **un funcionario** up que trabaja para el Estado – 8 **honesto** sincero, decente – 12 **una virtud** buena cualidad – 15 **correr con los gastos** pagar – 17 **furtivo** ilegal, sin ser visto

(*El* SEÑOR RUEDA *se acerca a* LUNARCITOS *insinuante).*

SEÑOR RUEDA.—Entonces después de todo lo expuesto, aclarados todos los puntos, creo que ya podemos considerarnos prometidos… Ana, Anita, ¿no estás contenta? Guapita mía, di que lo estás… Lunarcitos, nenita mía… te llamaré Lunarcitos por última vez…

(*La abraza y besuquea. Ella le separa suavemente).*

LUNARCITOS—Ya no me trata de usted…

(*El* SEÑOR RUEDA *intenta besarla nuevamente).*

SEÑOR RUEDA.—Lunarcitos, guapa, tú dirás cuándo nos casamos… pon tú la fecha, bonita…

LUNARCITOS.—Me parece que será muy lejana…

SEÑOR RUEDA.—*(Poniéndose en pie).* Pero ¿qué dices? Con un mes o menos corregirás todas esas imperfecciones, que en el fondo son las que me traen loco…

(*Vuelve a intentar besarla. Ella le rechaza con suavidad).*

LUNARCITOS.—Hay una que es imposible corregirla en un mes. Usted ya sabe por dónde voy.

SEÑOR RUEDA.—*(Mimoso).* No me trates de usted… anda, ven, dame un besito…

LUNARCITOS.—No puede ser. De veras. Pablito se moriría.

1 **insinuante** provocador, sensual – 2 **expuesto** presentado – 3 **aclarado** explicado (→ claro) – 4 **considerarse** llamarse, estimarse – 4 **un prometido** up que va a casarse – 5 **nenita** *dim coloq* expresión de cariño – 7 **besuquear** *coloq* besar mucho – 15 **traer loco** *coloq* volverse loco – 16 **rechazar** ≠ aceptar – 19 **mimoso** que da o recibe caricias

SEÑOR RUEDA—No hay que dramatizar.

LUNARCITOS.—A usted sin mí, no le pasará nada.

SEÑOR RUEDA.—*(Tras ella)*. Por Dios, Lunarcitos, volvamos a la razón... No te enfades, tontina.

LUNARCITOS.—No, si no me enfado: simplemente, no me caso con usted.

SEÑOR RUEDA.—¿Por qué? Lo mismo te parezco un mal partido.

LUNARCITOS.—No, todo lo contrario, pero mi niño se moriría sin mí. A usted, no le pasará nada.

SEÑOR RUEDA.—No pretenderá que meta en casa al hijo de un querido suyo.

LUNARCITOS.—Entonces comprenda que será mejor no tomar por esposa a la querida del padre de mi hijo. Con Dios, señor Rueda.

SEÑOR RUEDA.—No irá encima a echarme a la calle.

LUNARCITOS.—Nada de eso. ¿Quiere ahora una copita? A los dos nos hará bien. *(Va hacia un aparador. Coge una botella* y *dos copas. Sirve)*. Ande, beba, un día es un día.

(*Se sientan. Beben los dos)*.

3 **tras** detrás – 4 **la razón** sentido, ≠ locura – 11 **pretender** querer, conseguir uc – 12 **un querido** amante – 14 **una esposa** mujer – 14 **con Dios** expresión para despedirse – 16 **echar a up** sacar fuera – 18 **un aparador** vitrina, mueble con el servicio de mesa – 19 **un día es un día** por una vez no pasa nada

SEÑOR RUEDA.—De veras que lamento todo esto. No pensé que fuera a tomarlo a mal…

LUNARCITOS.—No lo tomo: usted ha propuesto sus condiciones y no hemos llegado a un acuerdo. Eso ha sido todo.

SEÑOR RUEDA.—De veras que lo siento: ¡es usted tan simpática! Y tiene una vocecita tan agradable a pesar del acento…

LUNARCITOS.—¿Es tan horrible de veras?

SEÑOR RUEDA.—Para no ir a ser mi mujer, no está del todo mal…

(Ríen los dos).

LUNARCITOS.—¿Le sirvo un poquito más? *(Vuelve a llenar las copas).*

SEÑOR RUEDA.—Bueno, ya que no nos casamos… Verdaderamente he venido a complicar las cosas. Si no se me hubiera ocurrido esto del casorio… Pero comprenda: un hombre a mi edad tiene que casarse. Es lo malo. O lo bueno, que nunca se sabe. *(Poniéndose en pie* y *bebiéndose de un trago el vino que le queda).* Estaba muy bueno el vino. ¡En fin! Muchas gracias. Siento que no haya podido ser: cuestión de principios.

LUNARCITOS.—Exacto: cuestión de principios. Cada cual, los nuestros. ¡Qué se le va a hacer! Tengo que confesarle que me hubiera costado mucho dejar de fumar.

1 **de veras** de verdad – 1 **lamentar** sentir, ser una pena (→ lástima) – 3 **proponer** hacer una oferta – 7 **a pesar de** sin embargo, aunque – 17 **ocurrir** pasar, suceder – 17 **un casorio** matrimonio, boda – 24 **confesar** decir un secreto

(LUNARCITOS *ayuda al* SEÑOR RUEDA *a ponerse el abrigo y, después de darle el sombrero y el bastón, se dirigirán hacia la puerta de la calle).*

SEÑOR RUEDA.—*(Ya en la puerta).* Adiós, Lunarcitos. Nos veremos algún día. Que usted lo pase bien.

(Se dan la mano con cierta tristeza).

LUNARCITOS.—Igual, señor Rueda.

(El Señor Rueda se va. LUNARCITOS *cierra la puerta lentamente y vuelve pensativa al cuarto de estar. Enciende un cigarrillo. Echándose a reír después de un momento).*

Desde luego es necesario estar completamente loca. ¡Tirar por la borda un marido y millones, como si me sobrasen! ¡Si ya decía yo que no podía salir bien...! ¡Si no podía salir bien! ¡Y encima me río! Claro que esto o pegarse un tiro es lo que se hace cuando una pierde de golpe todas las posibilidades... ¡Que mi pobre Pablito se moriría! Sí, sí, morirse... *(Coge la botella. Bebe de ella y se sienta).* ¡Seré bruta! ¡Un hombre como el señor Rueda! Un poco gruñón, quisquilloso, tiquismiquis: esto sí, esto no, casi todo no, ¡pero estropearlo por un hijo que es como nada...! ¡Morirse...! Lo mismo pensó que era una criaturita así... *(Baja la mano cerca del suelo).* ¡No fuera malo! Pero, claro, la culpa es mía que no quiero reconocer que ha crecido, que es un tiarrón que mide casi dos metros, que tiene hecho el servicio militar, y que, según creo, se ha casado, que él no fue ni para decírmelo... que no me quiere, que le importo

10 **echarse a** *perífr* ponerse a, empezar a – 11 **tirar uc por la borda** *loc coloq* deshacerse de uc, rechazar – 14 **pegarse un tiro** matarse – 15 **de golpe** de repente – 18 **bruto** *aquí:* tonto – 18 **gruñón** con mal humor – 19 **quisquilloso** que se enfada fácilmente – 19 **tiquismiquis** maniático, demasiado escrupuloso – 21 **una criaturita** *dim* niño – 22 **fuera** era – 24 **un tiarrón** *Esp coloq* hombre alto y fuerte – 26 **importarle un pepino a up** ser poco importante

un pepino y hasta se avergüenza… Sí, sí, se avergüenza… En la última carta que recibí, hace ya mucho por cierto, me decía muy respetable, casi tanto como el señor Rueda: «Mamá, estoy muy bien colocado, me relaciono con gente estupenda…» ¿A qué llamará él estupenda? «Supongo que no se te ocurrirá aparecer por aquí… el que tú hayas cometido cientos de errores no es razón para que yo ahora me fastidie…» ¡Cientos de errores! ¡Fariseo! Sacrificarme por él y quererle y no dejarle por nada, ¡eso sí que fue un error! *(Con ensoñación).* De chiquitito sí que me quería: mamá esto, mamá lo otro… Siempre le recuerdo así: como si los años no hubieran pasado. Y ése es el fallo… La última vez que le vi tenía ya una voz aterradora y me hablaba como a un criminal… Me dijo cosas feas: con muy poco estilo. *(Dándose con la mano en la frente).* ¡Testaruda! ¡Que eres una testaruda! Bueno, también el señor Rueda lo es: él a lo suyo, erre que erre. Yo a lo mío. ¿Y por qué no? Cada uno defiende sus ideas, sus puntos de vista: no por ser millonario los va a tener mejor que yo… son otros, simplemente. También era mucha historia eso de andar como si a una la metieran un palo en la espalda, y no fumar, ni beber un vasito de vino de vez en cuando, con lo que alegra, que si no fuera por eso… *(Vuelve a beber. Ríe tristemente).* ¡Tiene gracia! ¡Pensó que era un niño mi Pablo! Eso quiere decir que no me ve tan vieja… que no estoy del todo mal y que quizás, quizás, todavía encuentre a otro sin tantos miramientos…

(Breve silencio).

¡Que no le viera más! ¡Nada más fácil! ¡Si no quiere saber nada de mí! Claro que todo esto podía habérselo aclarado y

1 **avergonzarse de uc o up** darle vergüenza – 4 **colocado** con un empleo – 6 **cometer un error** equivocarse – 8 **fariseo** hipócrita, falso – 8 **sacrificarse por up** dejar de hacer uc por up – 12 **un fallo** error – 13 **aterrador** que da miedo – 15 **testarudo** que no cambia de idea – 20 **ser mucha historia** *coloq* ser demasiado complicado – 27 **un miramiento** cuidado, exigencia

a estas alturas… Pero ¿para qué? ¿Qué diablos le importan al señor Rueda estas circunstancias? Aquí se ha hablado de principios y esto es un principio: lo mismo me lo exigía de haberme necesitado mi Pablo. *(Ríe).* ¡Una lástima! Al final estaba hasta simpático, como todos los hombres que no se piensan casar, que el matrimonio los hace bastante insoportables… *(Se levanta con gesto cansino).* ¡En fin! Y mañana otra vez al ensayito para no variar, y habrá que oírles cuando sepan que no me caso. *(Imitando).* «Lunarcitos, ¿por qué no alza más la pierna? ¿Es que no puede…? Pero ¿no te casas por fin?» ¡Así reventarán!

(Pone la radio. Enciende otro cigarrillo. Se oirá una musiquilla que podrá ser la del principio. LUNARCITOS *se anima. Bebe otro traguito. Empieza a dar unos pasos de baile).* Bien mirado, no lo hago mal… Es que soy perezosa y me falta entrenamiento.

(Escucha la música. La tararea). Un, dos, un, dos, ¡vuelta! *(Lo hace).* ¡Perfecto! Un, dos, un, dos, ¡alzar la pierna y vuelta! *(Lo hace. Se aplaude un momento).*

¡Facilísimo! *(Coge la botella y empina).* Otro poquito más. Ale, sigamos… *(Nuevos pasos de baile).* No está mal, no está nada mal… ¡y mientras el cuerpo aguante! *(Se oirá más fuerte la música).*

OSCURO.

7 **cansino** cansado – 8 **un ensayito** *dim irón* práctica, prueba – 11 **reventar** *fig* explotar – 13 **animarse** alegrarse, ponerse en movimiento – 16 **tararear** cantar solo una melodía – 16 **una vuelta** giro – 19 **empinar** *coloq* beber alcohol – 20 **¡Ale!** *Esp interj* ¡Hala! – 21 **mientras el cuerpo aguante** mientras se pueda

Almudena Grandes

Amor de madre

Es ella, ¿no se acuerdan?, mi hija Marianne, la jovencita que está a mi lado en esta diapositiva, la misma… A ver, voy a quitarme de delante para que la vean mejor… Claro, si ya sabía yo que la recordarían, con la de disgustos que me ha dado durante tantos años, un quebradero de cabeza perpetuo, no se lo pueden ustedes ni figurar, o bueno, a lo mejor sí que se lo figuran, porque si no me hubiera tocado en suerte una hija así, no seguiría viniendo yo a estas reuniones, todos los lunes y todos los jueves, sin faltar uno, en fin… Y no saben lo mona que era de pequeña, pero monísima, de verdad, una ricura de cría, alegre, dócil, ordenada, obediente. Cuando era bebé y la sacaba en su cochecito a dar un paseo por la avenida, tardaba más de media hora en recorrer cien metros, en serio, porque al verla tan gordita, tan rubia, tan sonrosada…, en resumen, tan guapa, todas las señoras se paraban a admirarla, y le acariciaban las manitas, y le hacían cucamonas, y le mandaban besitos en la punta de los dedos, bueno, esa clase de cosas que se le hacen a los niños que se crían tan hermosos como ésta, que parecía un anuncio de Nestlé, eso mismo parecía. De más mayorcita, en el colegio, hacía todos los años de Virgen María en la función de Navidad —pero todos los años, ¿eh?, no uno, ni dos, no se vayan a creer, sino todos todos, ¡yo me sentía tan orgullosa!—, y por las noches, cuando se quitaba la blusa del uniforme, me encontraba el cuello y los puños igual de limpios que cuando se la había puesto por la mañana, pero lo mismo

6 **un disgusto** problema, pena – 7 **un quebradero de cabeza** *coloq* uc que preocupa – 7 **perpetuo** continuo, sin fin – 8 **figurar** imaginar – 9 **tocar uc en suerte a up** *loc* ganar uc (zuteil werden) – 11 **mono** guapo – 12 ***ser* una ricura** *coloq* ser simpático, bonito, agradable – 13 **un crío** niño – 13 **dócil** fácil de educar – 13 **obediente** que hace lo que se le dice – 16 **sonrosado** con color en las mejillas – 18 **acariciar** pasar la mano suavemente sobre uc – 18 **las cucamonas** *pl* muestras de cariño – 19 **una punta** extremo – 26 **un puño** Manschette

lo mismo, blanquísimos. Mi Marianne no practicaba deportes violentos, no se revolcaba por el suelo, no se pegaba con sus compañeras, qué va, nada de eso. Era una alumna ejemplar, todas las maestras lo decían, tan simpática, tan abierta, tan sociable que, como suele decirse, se iba con cualquiera. ¡Quién nos iba a decir, a sus maestras y a mí, que con el tiempo, el principal problema de mi hija acabaría siendo precisamente ése, que se larga con cualquiera!

Al llegar a la adolescencia empezó a torcerse, ésa es la verdad. Antes de cumplir los veinte años, ya se había aficionado a montarme unas escenas atroces, y llegaba a ponerse como una fiera, en serio, chillando, pataleando, me hacía pasar unos bochornos espantosos, qué apuro, todos los vecinos la escuchaban, a mí me resultaba tan violento... Al final, cogía la puerta y salía sin mi permiso, gritando que ya estaba harta de que no la dejara hacer nada. ¡Nada! ¿Se lo pueden creer? Pues eso me decía, que no la dejaba hacer nada, y a mí me daba por llorar, porque... ¡qué barbaridad!, ¡qué ingratos pueden llegar a ser los hijos! Creo que fue entonces cuando empecé a permitirme alguna que otra copita, lo confieso, sé que no está nada bien, pero Marianne estaba ahí fuera, en la calle, rodeada de peligros, y yo no podía vivir, ésa es la verdad, que no podía ni respirar siquiera imaginando los riesgos que correría mi niña, sola entre extraños, en locales subterráneos, ese aire mefítico, cargado de humo, y de vapores alcohólicos, y del producto de los cuerpos de tantos hombres sudorosos, esas enormes manchas húmedas que sin duda exhibirían sus camisetas oscuras cuando levantaran los brazos para abandonarse a esos ritmos infernales, y las motos, eso era

2 **revolcarse** tirarse por el suelo dando vueltas – 2 **pegarse** golpearse, discutir – 9 **torcerse** *fig* ≠ ir recto – 10 **aficionarse** gustar de uc – 11 **montar una escena** actuar llamando la atención *p ej* gritando – 11 **atroz** terrible, horrible – 12 **ponerse como una fiera** *loc coloq* enfadarse mucho – 12 **chillar** gritar – 12 **patalear** dar golpes con los pies – 13 **un bochorno** vergüenza – 13 **espantoso** horrible, terrible – 13 **un apuro** situación incómoda – 18 **dar por + INF** expresa acción de capricho – 19 **ingrato** desagradecido – 24 **correr un riesgo** peligrar, arriesgarse – 25 **mefítico** que causa daño al ser respirado – 25 **un vapor** Dampf – 27 **sudoroso** verschwitzt – 27 **una mancha** marca *aquí:* de sudor – 28 **exhibir** mostrar públicamente

lo que más miedo me daba, que Marianne se montara en una moto, con la cantidad de accidentes que hay en cada esquina, y violadores, y asesinos, y drogadictos, y extranjeros, que no hay derecho, es que no hay derecho, desde luego, sacar adelante a un ángel para condenarlo luego a vivir en el infierno, para que luego digan que la maternidad no es un drama... En fin, que era un no vivir, les juro que era un auténtico no vivir, y fíjense que lo intenté todo, todo, para retenerla, pero ella se negó a seguir celebrando guateques en casa, como antes, decía que sus amigas no querían venir, con lo buenas que me salen a mí las mediasnoches, que les pongo mantequilla por los dos lados, qué ingratitud, y entonces me dejaba sola, y yo me tomaba una copita, y luego otra, y luego otra, hasta que oía el chirrido de su llave en la cerradura, a las diez, o a las diez y media de la noche, porque la muy desaprensiva nunca llegaba antes, qué va, y bien que ha sabido siempre que a mí me gusta cenar a las ocho y media...

Claro que lo peor todavía estaba por llegar. Lo peor no mediría más de un metro cincuenta y siete, tenía el pelo negro, crespo, largo, y una cara peculiar, despejada por los bordes y atiborrada de rasgos en el centro, como si las cejas, los ojos, la nariz, los pómulos y los labios —unos morros gordos, pero gordísimos, se lo juro, propiamente como los de un mono— se quisieran tanto que pretendieran montarse unos encima de otros, juntarse, apiñarse, competir por el espacio. Se llamaba Néstor Roberto, tocaba la trompeta —¡que era lo que le faltaba, vamos, con esa boca!, y había nacido en El Salvador. ¡Era salvadoreño! ¿Se lo pueden imaginar? ¡Salvadoreño! Y a

3 **un violador** up que obliga a otra a tener sexo – 5 **condenar** verurteilen – 8 **retener a up** no dejar a up irse – 9 **un guateque** fiesta en casa con comida y música – 11 **una medianoche** *Esp* sandwich – 12 **la ingratitud** desagradecimiento, mal pago por un servicio – 13 **un chirrido** sonido agudo y continuo – 14 **una cerradura** mecanismo *p ej* de una puerta para la llave (→ cerrar) – 15 **desaprensivo** que no piensa en los otros – 20 **crespo** rizado, ≠ liso – 20 **peculiar** especial – 20 **despejado** libre, espacioso – 20 **un borde** extremo, lado – 21 **atiborrado** lleno – 21 **los rasgos** *pl* formas, líneas de la cara (Gesichtszüge) – 21 **una ceja** Augenbraue – 22 **un pómulo** Wangenknochen – 22 **un morro** *Esp coloq* labios, boca – 24 **pretender** querer, conseguir uc – 25 **apiñarse** ponerse muy cerca

ver, díganme ustedes…, ¿puede una madre europea conservar la calma cuando su única hija se lía con un salvadoreño? Naturalmente que no. Por eso le dije a Marianne que tenía que elegir. Y Marianne eligió. Y se fue de casa con el salvadoreño.

Durante los siguientes tres años, apenas la vi algún domingo a la hora de comer. Reconozco que mi vicio aumentó —me pasé al coñac, dejé de imponerme un límite diario, me enchufaba alguna que otra copa por las mañanas—, pero debo especificar, en mi descargo, que el vicio de mi hija empeoró mucho más intensamente que el mío. Después del salvadoreño, vino un paquistaní, tras el paquistaní, se lió con un argelino, y terminó abandonando a aquel moro por un terrorista —activista, decía ella, la muy lianta— norteamericano del Black Power. El caso es que este último me sonaba bastante, y por eso me interesé por él, no fuera a ser atleta, o baloncestista, no sé, o músico de jazz, porque podría estar forrado de pasta, y eso significaría que mi hija no habría perdido del todo la cordura, porque, sinceramente, en cualquiera de esos casos, el color de su piel, siendo un detalle importante, pues tampoco… importaría tanto, las cosas como son, pero en qué hora se me ocurrió preguntar, Dios bendito, ¡en qué hora, Jesús, María y José me valgan siempre! No, mamá, me dijo Marianne, te suena porque hace unos años, cuando vivía en Nueva York, fue modelo de un fotógrafo muy famoso, ese que se ha muerto de sida… Yo no caía, y ella pronunció un apellido indescifrable, que sí, mujer, continuó, si es ese que ahora se ha puesto muy de moda porque le censuran las exposiciones… Cuando me enseñó las fotos —y eso que las iba escogiendo, que se guardaba en el bolsillo por lo menos dos de cada tres, como si yo fuera

2 **la calma** tranquilidad – 6 **vicio** gusto por uc en exceso – 6 **pasarse a** cambiar a – 7 **enchufarse** *coloq* meterse *aquí:* beberse – 9 **en descargo** *loc* en defensa – 9 **empeorar** ir a peor – 12 **un moro** *despect* árabe – 13 **liante** *Esp* que confunde con sus explicaciones – 13 **Black Power** *ingl irón* Poder negro, eslogan para la lucha de los derechos de las personas de raza negra – 16 **forrado** *aquí:* lleno – 16 **la pasta** *Esp coloq* dinero – 17 **la cordura** ≠ locura – 21 **bendito** santo – 22 **valer** proteger, ayudar – 22 **sonar** *aquí:* creer conocer uc o a up – 24 **el sida** enfermedad (Aids) – 25 **caer** *aquí:* darse cuenta, acordarse – 25 **indescifrable** incomprensible – 27 **censurar** desaprobar *aquí:* no dejar mostrar su trabajo

tonta—, bueno, pues cuando por fin vi aquellas fotos, creí que me moría, que me caía redonda al suelo creí, pero ella siguió hablando como si nada, sin comprender que me estaba matando, que yo me estaba muriendo al escuchar cada sílaba que pronunciaba. ¡No pongas esa cara, mamá!, eso me dijo, si las fotos son de hace mucho tiempo, de cuando vivía en América, y era homosexual, es cierto, pero ahora también le gustan las chicas. No te preocupes por mí, anda, si nunca he sido tan feliz... Eso me dijo, que nunca había sido tan feliz, y yo estuve borracha tres días, tres días enteros, lo reconozco, tres días, cuando me llamó para contarme que se marchaba con él en moto, hasta Moscú, de vacaciones, no fui capaz ni de asustarme siquiera.

En estas circunstancias, comprenderán ustedes que el accidente se me antojara un regalo de la Divina Providencia. Marianne volvía a estar en casa, en su cama, rodeada de sus muñecos, de sus peluches —que estaban como nuevos, porque yo los había seguido lavando a mano con un detergente neutro incluso después de que me abandonase, fíjense, si no la echaría de menos, que los cepillaba y todo, de verdad que parecían recién comprados—, vestida con un camisón azul celeste sobre el que yo misma había aplicado un delantero de ganchillo, y arropada con una mañanita de lana a juego, tejida también por mí, o sea, igual igual igual que cuando era una niña, aunque con todos los huesos rotos. Cuando estaba dormida, me sentaba a su lado, a mirarla, y me sentía tan feliz que me tomaba una copa para celebrarlo. Cuando estaba despierta, se quejaba constantemente de unos dolores tremendos, y yo no podía soportarlo, no podía soportar verla

2 **caer redondo** desplomarse – 8 **¡Anda!** expresión para animar, ¡Vamos! – 12 **ser capaz de uc** *loc* poder hacer uc – 14 **una circunstancia** situación, estado de las cosas – 15 **antojarse uc a up** parecer – 15 **La Divina Providencia** acciones de Dios para ayudar a los hombres – 17 **una muñeca** Puppe – 17 **un peluche** muñeco de tela – 20 **cepillar** bürsten – 21 **un camisón** camisa larga para dormir – 22 **aplicar** poner uc sobre otra cosa – 22 **un delantero** parte de delante de uc – 23 **el ganchillo** Häkeln – 23 **arropado** tapado, cubierto para dar calor – 23 **una mañanita** pieza de ropa que tapa hombros y llega hasta la cintura – 23 **a juego** combinado – 24 **tejido** gestrickt

así, tan joven, mi niña, sufriendo tanto, así que me tomaba otra copa, para insuflarme fuerzas, y le daba un par de pastillas más. El médico se ponía pesadísimo, me lo había advertido un centenar de veces, que era peligroso sobrepasar la dosis, que aquellos calmantes creaban adicción, pero, claro, ¡qué sabrán los médicos del dolor de una madre...! Y los días pasaban, y Marianne mejoraba, su rostro recobraba el color, las heridas se cerraban sobre su piel blanca, tersa, y su carácter volvía a ser el de antaño, dócil y manso, dulce y sumiso, yo le metía en la boca aquellas pastillas maravillosas, le inclinaba la cabeza para que se las tragara, le daba un sorbo de agua y la miraba después, y ella me sonreía con los ojos en blanco, estaba tan contenta, y ya no me llevaba la contraria, ya no, nunca, dormía muchísimas horas, como cuando era un bebé, y por las noches se sentaba a mi lado a ver la televisión, y jamás se le ocurría cambiar de canal, todo le parecía bien, las dos unidas y felices otra vez, igual que antes.

Cuando aquella bruja me dijo que no podía seguir vendiéndome aquel medicamento sin receta, creí que el mundo se me venía encima. Debo confesar, porque para eso estoy aquí, para confesar que soy alcohólica, que al volver a casa me cepillé una botella entera del brandy español más peleón que encontré en el supermercado, y todavía no habían dado las doce del mediodía. Pero... ¡háganse ustedes cargo de mi angustia, de mi desesperación! Todavía se me saltan las lágrimas al recordarlo, pensar en perderla otra vez, tan pronto, cuando apenas la había recobrado, a ella, que tan maltrecha había vuelto a mis brazos, que estaba deshecha, pobre hija mía, cuando por fin atinó a buscar refugio en mí, en su madre,

2 **insuflarse** darse – 4 **un centenar** cien – 4 **sobrepasar** superar, dar más de lo normal – 7 **un rostro** cara – 7 **una herida** Wunde – 8 **terso** suave – 9 **antaño** antes, pasado – 11 **tragar** schlucken – 18 **una bruja** Hexe – 20 **venirse el mundo encima a up** deprimirse, no saber qué hacer – 22 **cepillarse** *coloq* beberse – 23 **peleón** *Esp coloq* de mala calidad – 24 **hacerse cargo** comprender – 25 **la angustia** miedo, malestar (Beklemmung) – 25 **la desesperación** pérdida total de la esperanza – 25 **saltarse** *fig* salirse, soltarse – 27 **maltrecho** malherido – 28 **deshecho** destrozado, roto – 29 **atinar** dar con uc, acertar – 29 **un refugio** lugar para protegerse

la única persona que de verdad la quiere, que la ha querido y que la querrá durante el resto de su vida… Entonces decidí que nos vendríamos a vivir aquí, a la casa donde transcurrió mi maravillosa infancia, a este pueblecito de las montañas donde mi mejor amiga del colegio instaló, al terminar la carrera, una farmacia surtidísima, se lo aseguro, porque tiene de todo, mi amiga, y es madre de cuatro hijos, ¿cómo no iba a entender ella una cosa así? A grandes males, grandes remedios, eso me dijo, poniendo un montón de cajas sobre el mostrador, y aquí estamos. A Marianne le gusta mucho vivir en el campo, ya le encantaba esto de pequeña, cuando veníamos a veranear, y ahora, pues lo mismo, porque nunca dice nada, no se queja de nada, sólo sonríe, está todo el día sonriendo, pobrecilla, ahora es tan buena otra vez…

¿El chico? ¡Ah! El chico se llama Klaus, y es el novio de mi hija… Claro que les tiene que sonar, era el cajero del banco, ¿no se acuerdan? En cuanto que lo vi, me lo dije, éste sí que me gusta para Marianne. Alto, delgado, apuesto, nada que ver con la fauna de hace unos años, pero nada, ¿eh?, y bien simpático, sí señora por aquí, sí señora por allá, hasta cuando usted quiera, señora, aunque un poco corto sí que me pareció, la verdad, porque el primer día que hablamos ya le conté que yo tenía una hija guapísima, y le invité a cenar, y no vino. Me extrañó, pero pensé que a lo peor era tímido. Un par de días después volví a verle, y le llevé una foto de Marianne, pero se limitó a darme la razón como a los locos, pues sí que es guapa su hija, dijo, muy guapa, señora, claro que sí. Le volví a invitar a cenar y se excusó, no podía. Bueno, pues venga mañana, ofrecí, y él, dale que te pego, que tampoco podía al día siguiente, ni al otro, ni al otro, ¡me dio una rabia! Entonces dejé de hablar

6 **surtido** muy variado – 8 **a grandes males, grandes remedios** a grandes problemas, grandes soluciones – 9 **un mostrador** mesa larga *p ej* en una tienda para presentar mercancía – 11 **veranear** pasar las vacaciones de verano – 18 **apuesto** guapo, de buen aspecto físico – 19 **la fauna** *despect* gente – 21 **corto** tonto, poco hábil – 26 **como a los locos** sin hacer caso – 29 **dale que te pego** *coloq* expresa repetir uc una y otra vez

con él, y cuando necesitaba dinero, me iba derecha al cajero automático. ¡Toma!, pensaba para mí, ¡fastídiate, que no vales más que esta máquina!

Pero no me resigno a no ser abuela, ésa es la verdad, que no me resigno. Y Marianne va a cumplir treinta años, por muy felices que seamos viviendo las dos juntas, necesita casarse, y yo necesito que se case, celebrar la boda, vestir el traje regional que mamá llevó a la mía, dejar escapar alguna lagrimita cuando ella diga que sí… ¡Vamos, qué madre renunciaría a un placer semejante! Sobre todo porque, bien mirado, esto no es un placer… ¡es un derecho! Así que, un jueves por la tarde, cuando venía a una de estas reuniones de Alcohólicos Anónimos, vi a Klaus cerrando la puerta del banco, y elaboré un plan perfecto. Una semana después, el mismo día, a la misma hora, me acerqué a él por la espalda y le puse en la sien izquierda la pistola de mi difunto marido, que en Gloria esté. ¡Hala, Klaus!, le dije, ahora vas a venirte conmigo… Déjeme señora, le daré todo lo que llevo encima, decía, el muy desgraciado. Pero si esto no es un atraco, hijo, le contesté… ¡esto es un secuestro! Y el muy mariquita se me echó a llorar, se puso a gimotear como una niña. ¿Se lo pueden creer? ¡Ni hombres quedan ya en este asco de mundo!

Ahora vivimos los tres juntos, Marianne, Klaus y yo. ¿Que de cuándo es esta foto? De hace cuatro días… Sí, él no parece muy contento, intenta escaparse todo el tiempo, ésa es la verdad, que le tengo que fijar a la cama con unos grilletes para que no se escape por la noche, pero ya se acostumbrará, ya… Yo procuro que esté entretenido, cortando leña, trabajando en el campo, arreglando la cerca, porque así lo lleva mejor y nos sale

2 **¡Toma!** *aquí:* ¡fastídiate! – 7 **un traje regional** Tracht – 9 **renunciar** dejar voluntariamente uc que se tiene – 10 **semejante** igual, de este tipo – 15 **la sien** lado de la cabeza (Schläfe) – 18 **desgraciado** *aquí:* mala persona – 19 **un atraco** robo con violencia – 19 **un secuestro** retención de up por la fuerza por *p ej* dinero – 20 **gimotear** *despect* hacer sonidos de dolor y pena – 22 **el asco** Ekel – 26 **un grillete** Fußeisen – 27 **acostumbrarse** habituarse – 28 **procurar** intentar – 28 **entretenido** ocupado, con uc que hacer – 28 **la leña** madera para el fuego – 29 **arreglar** reparar – 29 **una cerca** Zaun – 29 **llevar uc mejor** hacer que uc sea más fácil

todo mucho más barato, por cierto, ya que no necesitamos a nadie, lo hacemos todo entre los dos, él trabaja y yo voy detrás, con la pistola... ¿Marianne? A ella todo le parece bien, ya ven cómo sonríe, alargando la mano para acariciarle... ¿Un gesto extraño? Bueno, sí, es que, desde que toma las pastillas, tiene los brazos como blandos, hace movimientos un tanto bruscos, inconexos, en fin... A mí sí que se me ve satisfecha, ¿verdad? Claro, porque estoy segura de que al final todo saldrá bien. Lo único que me hace falta ahora es dejar de beber, y luego, un buen día, ellos se mirarán a los ojos, y comprenderán, y todos mis sacrificios habrán servido para algo, porque, a ver... ¿qué no haría una madre por su única hija?

4 **alargar** estirar, acercar – 6 **blando** ≠ duro – 7 **inconexo** sin coordinación

Almudena Grandes

La buena hija

A Luis García Montero, porque me ha regalado mucho más que una rima

A las nueve en punto de la noche, cuando consideré que el agua había alcanzado ya el nivel preciso para desafiar a Arquímedes sin llegar a poner sus cálculos en entredicho, cerré el grifo y me dirigí al armarito que, en días horribles —como había sido aquél, sin ir más lejos—, se burlaba de mí por llevar todo el camino de convertirme en una vieja solterona clásica, más penosa aún, mucho más prescindible para el género humano que esas funcionarias cuarentonas, separadas ya de antiguo, que salen por parejas los viernes por la noche para precipitarse sobre el primer conocido que encuentran y preguntarle si está bebiendo solo o ha traído a su mujer. Allí, sobre tres pequeñas baldas de plástico blanco, me esperaban diecinueve tarros de cristal transparente, todos de tamaños y formas diferentes, con distintos tapones y contenidos: discos de algodón blanco, bolas de algodón de colores, sales de baño de fresa, y de frambuesa, y de frutos del bosque, polvos de talco con aroma a zarzamora, diminutos jabones perfumados con aspecto de conchas marinas, y de frutas, y de flores, manzanitas de madera con olor a manzanas de verdad,

6 **desafiar** contradecir, oponerse – 7 **Arquímedes** físico e ingeniero griego. *Principio de Arquímedes*: un cuerpo dentro de un recipiente con agua sube con una fuerza proporcional al agua que hace salir – 7 **poner en entredicho** cuestionar, dudar de uc – 8 **un grifo** Wasserhahn – 9 **burlarse** reírse de uc o up – 10 **llevar todo el camino** *loc* ir hacia, hacer todo para conseguir uc – 10 **un solterón** *despect* up soltero – 11 **penoso** patético (→ pena) – 11 **prescindible** innecesario, ≠ importante – 12 **cuarentón** con más de cuarenta años – 13 **de antiguo** desde hace tiempo – 14 **precipitarse** lanzarse, ir rápidamente a un lugar – 16 **una balda** *Esp* tabla, estante – 17 **un tarro** bote – 18 **un tapón** pieza para tapa *p ej* una botella – 19 **las sales de baño** *pl* Salzbad – 20 **una frambuesa** Himbeere – 21 **los polvos de talco** *pl* Puder – 21 **una zarzamora** mora (Brombeere) – 22 **una concha** Muschelschale

limoncitos de madera con olor a limones de verdad, virutas de madera con olor a madera de verdad, corazones de parafina soluble rellenos de aceite estimulante de color rojo, medias lunas rellenas de aceite tranquilizante de color azul, estrellas rellenas de aceite tonificante de color amarillo, tréboles rellenos de aceite relajante de color verde, todo cien por cien natural, tan pequeño, tan limpio, tan mono, sobre todo tan mono, y las etiquetas lo advierten, no experimentamos en animales, yo tampoco experimento, no tengo marido, no tengo hijos, no tengo amigos, no tengo trabajo, no tengo nada que sea mío excepto este armario, y la manía de coleccionar gilipolleces olorosas en tarros de cristal para colocarlos en su interior una y otra vez, como si me fuera la vida en que ninguno de ellos se mueva un milímetro del lugar que yo misma les he asignado, o como si simplemente necesitara creer, de vez en cuando, que me va la vida en algo…

Entonces sonó el timbre. Escogí un trébol relajante, era inevitable, y lo dejé caer en la bañera. Antes de salir al pasillo me miré en el espejo, de pasada, y contemplé una sonrisa de la que no era consciente. Tengo madre, recordé, y seguí sonriendo, pero a conciencia.

Me la encontré en posición de alerta, el cuello tenso, la barbilla alta, la espalda erguida con desprecio de las almohadas, y la yema del pulgar acariciando nerviosamente el pulsador de la pera de baquelita blanca que sostenía en la mano derecha, pero ya ni siquiera podía recordar cuántos años habían pasado desde que alguno de estos gestos logró inquietarme por última

1 **una viruta** lámina fina y pequeña (Hobelspan) – 3 **soluble** que se puede deshacer en el agua – 5 **un trébol** Klee – 11 **una gilipollez** *Esp vulg* tontería – 13 **irse la vida en uc a up** ser uc muy importante para up – 14 **asignar** dar – 19 **de pasada** rápidamente, sin pararse – 21 **a conciencia** *loc* sabiendo lo que se hace y sin mentir – 22 la **alerta** alarma, atención – 22 **tenso** ≠ relajado – 23 **una barbilla** Kinn – 23 **erguido** recto – 23 el **desprecio** *fig* repulsión – 23 **una almohada** cojín de la cama para la cabeza – 24 **una yema** *del dedo* punta – 24 **un pulgar** dedo gordo – 24 **un pulsador** *botón* (Knopf) – 25 **una pera** *interruptor* (Schalter) con forma de la fruta – 25 **la baquelita** material sintético para hacer lacas u objetos

vez, así que me dirigí a ella sin atravesar siquiera el umbral de la puerta.

—¿Qué quieres, mamá?

—Berta, hija… —en ese momento me miró e hizo una pausa dramática, como una escala intermedia en el viaje que estaba a punto de transportar a su voz desde una premeditada autocompasión hasta una no menos premeditada perplejidad—, ¿por qué llevas puesto el albornoz?

—Porque estaba a punto de meterme en la bañera, mamá.

—Lo siento, hija, no lo sabía.

—Sí lo sabías —pronuncié las palabras despacio, sin alterarme, con el acento que animaría los labios de una estatua. Tampoco podía acordarme ya de los años que habían pasado desde que renuncié, no ya a exhibir cualquier dosis de dureza, sino simplemente a expresarme ante ella, una inversión perpetuamente inútil—. Te lo he dicho hace un momento, cuando he subido a llevarme la bandeja de la cena.

Entonces, súbitamente, se desmayó sobre las almohadas, resbalando por la pendiente de su blandura hasta quedarse tumbada, y dar paso así a una secuencia de movimientos que yo había contemplado miles de veces. Primero cerró los ojos. Luego, apretó la mano izquierda contra su frente como si sospechara tener fiebre. Por último, suspiró.

—¡Ay!

No le pregunté de qué se quejaba, porque sabía de sobra que no le dolía nada. Quejarse era su manera de demostrarme que se daba cuenta de que la había pillado en falta y que le daba exactamente lo mismo.

1 **atravesar** cruzar – 1 **un umbral** entrada, espacio en el suelo donde está la puerta (Türschwelle) – 6 **a punto** casi – 7 **premeditado** planeado, pensado antes – 7 **la autocompasión** pena, lástima hacia uno mismo – 8 **la perplejidad** desorientación, asombro – 8 **un albornoz** *Esp* abrigo de toalla para después del baño – 12 **alterarse** ponerse nervioso, cambiar de ánimo – 18 **súbito** de repente, por sorpresa – 18 **desmayarse** caer, perder el conocimiento – 19 **resbalar** moverse involuntariamente sobre una superficie – 19 **una pendiente** *fig* inclinación del terreno – 20 **tumbado** echado, acostado – 22 **apretar** pulsar, presionar – 23 **sospechar** imaginar, pensar – 23 **suspirar** respirar profundamente y haciendo ruido por tristeza o cansancio – 27 **pillar a up** *coloq* coger, encontrar – 27 **una falta** uc mal hecho – 27 **dar lo mismo** dar igual, no importar

—¿Qué es lo que quieres, mamá? —insistieron mis labios de mármol—. Se me va a enfriar el agua.

—Abre la ventana, por favor, ¿quieres, Berta? Tengo mucho calor, me estoy ahogando, no puedo respirar…

—¡Pero si estamos en marzo! Fuera hace frío, no puedo… —Sus chillidos me impidieron terminar la frase.

—¡Quiero que abras la ventana! ¿Me oyes? ¡Abre la ventana, abre la ventana, abre la ventana!

—Mamá, te vas a poner…

—¡Nada! —seguía chillando con la voluntariosa terquedad de una niña pequeña, malcriada—. ¡Nada! No me puedo poner peor, porque me estoy ahogando. Me muero, me muero, ¡me muero! ¿Es que no lo entiendes?

—Mamá…

Renuncié a terminar la frase y me resigné a dar la noche por perdida, como había perdido aquel día, tantos días, años enteros a su lado. Abrí la ventana y salí de la habitación sin decir nada.

A las nueve y once minutos, me metí por fin en una bañera llena de agua muy caliente, pero incapaz ya de humear. A las nueve y dieciocho sonó el timbre. A las nueve y veintiuno sonó el timbre. A las nueve y veintitrés sonó el timbre. Salí del agua, me puse el albornoz, mi madre tenía frío, cerré la ventana y bajé las escaleras corriendo, como si el baño interrumpido se hubiera convertido en una prioridad esencial. Debía de serlo, porque no se me consintió permanecer en él más de diez minutos. Mientras el timbre volvía a sonar, tiré del tapón y abrí otra vez el grifo del agua caliente para restablecer la temperatura. Los timbrazos se habían convertido en un concierto de ruido histérico cuando coloqué de nuevo el tapón en su sitio y, dejando el grifo abierto, acudí a descubrir que mi madre se ahogaba, se moría, no podía respirar. Abrí la ventana

1 **insistir** repetir mucho uc – 2 **enfriar** → frío – 4 **ahogarse** no tener aire – 6 **un chillido** grito agudo y desagradable – 10 **la terquedad** testarudez (Dickköpfigkeit) – 11 **malcriado** caprichoso – 20 **humear** salir, echar humo – 26 **consentir** permitir – 28 **restablecer** volver a conseguir uc perdida – 29 **un timbrazo** toque fuerte y largo de timbre – 31 **acudir** ir

y, en contra de mis propias previsiones, descubrí que aquella noche —será la regla, pensé— me costaba trabajo conservar la calma. A mi vuelta, encontré indicios de humo, pero no me felicité por ello, ni siquiera me acordé de Arquímedes. Llorando de rabia, me quité el albornoz, lo tiré contra el armario, y me desplomé en el agua con un solo gesto, cayendo sobre ella como si fuera sólida, como si acabaran de fusilarme al borde de la bañera.

Las matemáticas no son una opinión. Con esa frase solía contrarrestar las argumentaciones de esos alumnos desaforadamente imaginativos, los más brillantes, que se empeñaban en disentir de axiomas y teoremas partiendo de su propio método. Pero las matemáticas no son opinión, y todo cuerpo sumergido en un líquido pierde una parte de su peso, o sufre un empuje de abajo arriba, igual al volumen del líquido que desaloja, así que el suelo del cuarto de baño se inundó con el exacto volumen del agua que mi cuerpo había desalojado al sumergirse. Me quedé mirándolo sin hacer nada, sumida en la desolación más absoluta, hasta que una nueva tanda de timbrazos puso el punto final a aquella dilatada secuencia de desastres. Ahora, con la ventana cerrada, mi madre se dormiría, y yo podría disponer de mí misma durante un par de horas, las justas para ver una película en la televisión después de haber exterminado el charco que brillaba sobre las baldosas.

Entonces, gracias a Arquímedes y a la formulación más aproximativa y grosera de su principio, esa gota que desborda el vaso del dicho popular, recordé un detalle que había permanecido enterrado en el último rincón del olvido más

1 **una previsión** pronóstico, predicción – 7 **sólido** duro, ≠ líquido – 7 **fusilar a up** matar con arma de fuego – 10 **contrarrestar** neutralizar, oponerse – 11 **desaforado** excesivo – 12 **empeñarse en uc** insistir, querer conseguir uc – 12 **disentir** tener otra opinión – 14 **sumergido** dentro de uc *p ej* agua – 15 **un empuje** fuerza para mover uc – 16 **desalojar** salir, sacar – 16 **inundarse** llenarse de agua – 18 **sumergirse** *hundirse* (senken) – 18 **sumido** metido profundamente en uc – 19 **la desolación** tristeza, pena – 19 **una tanda** serie – 20 **dilatado** largo – 24 **un charco** restos de agua en el suelo – 24 **una baldosa** Bodenfliese – 26 **grosero** grob – 26 **una gota** pequeña porción de agua – 26 **desbordar** salirse de uc, sobrepasar un límite – 28 **enterrado** *fig aquí:* tapado, olvidado – 28 **un rincón** esquina, pequeño espacio en un lugar

profundo durante todos los largos y estériles años de mi vida de mujer adulta, y me estremecí de nostalgia, y de desconcierto.

—¿Qué hago yo aquí? —me pregunté a mí misma en voz baja mientras, absorta en mi memoria y completamente sorda al estruendo que me reclamaba, ganaba muy despacio cada escalón—, ¿qué hago yo aquí, si yo, hace treinta años, decidí cambiar de madre?

Piedad era de estatura mediana, más baja que alta, y robusta sin llegar a ser gorda, un cuerpo redondo de carne dura, tan dura que mis dedos jamás acertaron a darle un buen pellizco de esos retorcidos, pellizquitos malagueños los llamábamos entonces. Ella sí me pellizcaba, jugando, para hacerme rabiar, pero luego me besaba, me daba cientos, miles de besos, en el pelo, en la frente, en las mejillas, besos rotundos, su boca clavándose en mi cara hasta hacerme casi daño, y besos sonoros, los labios fruncidos para emitir un pitido agudo y crujiente, besos sueltos o series de seis, siete besos breves y ligeros, cálidos y dulces, nadie, nunca, me ha besado tanto como Piedad.

Sé que cuando yo nací todavía no había empezado a trabajar para mis padres, y sin embargo, apenas conservo recuerdos de mi infancia que no le pertenezcan también a ella. Piedad me despertaba por las mañanas, Piedad me vestía y me peinaba, me daba de desayunar y me hacía el bocadillo para el recreo antes de llevarme al colegio. A la salida, por la tarde, me estaba esperando con la merienda al lado de la verja, y si tenía tiempo, me llevaba al parque, y luego me quitaba el uniforme, y me ponía un babi, y me daba lápices y un cuaderno para

2 **estremecerse** temblar, sentir alteración en el ánimo – 2 **el desconcierto** desorientación, perplejidad – 4 **absorto** muy concentrado – 4 **sordo** que no oye – 5 **un estruendo** ruido fuerte – 10 **acertar** conseguir, lograr – 10 **un pellizco** Kneifen – 11 **retorcido** con vueltas (verdreht) – 11 **malagueño** de Málaga (Andalucía) – 12 **hacer rabiar a up** molestar – 15 **clavarse** hundirse con fuerza – 15 **hacer daño** causar dolor – 16 **sonoro** ruidoso (→ sonar) – 16 **fruncido** arrugado (gekräuselt) – 16 **un pitido** ruido continuado – 16 **agudo** penetrante (gellend) – 17 **crujiente** ruido al romperse uc – 17 **suelto** individual, por separado – 24 **un recreo** pausa larga entre clases – 26 **una merienda** comida ligera por la tarde – 26 **una verja** cerca, valla – 28 **un babi** *Esp* abrigo fino, para niños, para protegerse *p ej* al pintar

que dibujara en la mesa de la cocina mientras ella terminaba de planchar, repartiendo su atención entre el trabajo y los consultorios sentimentales de la radio, el transistor siempre encendido, siempre a mano. Piedad me bañaba y cenaba conmigo, me obligaba a lavarme los dientes y me arrastraba hasta la cama, y se sentaba en el borde a contarme unos cuentos muy raros de pastores y de ovejas, en los que no había princesas, ni siquiera niños y niñas, sólo mozos y mozas que comían pan con tocino, y las brujas no tenían poderes pero eran unas mujeres muy malísimas y muy avaras, que en vez de echar maldiciones subían las rentas todo el tiempo, y no había hadas, y por eso los buenos perdían casi siempre, pero a pesar de todo, a mí me encantaban los cuentos que se sabía Piedad, quizá porque nadie, nunca, me contó otros.

En aquella época, mis amigas y yo dedicábamos el recreo de todas las mañanas a perseguirnos por el patio para cogernos las unas a las otras. No recuerdo el nombre de aquel juego, pero sí una de sus reglas principales, que establecía ciertos lugares seguros para cada jugadora, refugios imaginarios que bastaba alcanzar para ponerse a salvo. Al llegar a cualquiera de esos puntos —un alcornoque, un poste, un tramo de la pared o un barrote de la verja—, siempre gritábamos ¡casa!, no tanto para avisar a la perseguidora de turno como para desalentarla, y entonces, al gritar ¡casa!, yo siempre pensaba en Piedad, porque eso, exactamente, era Piedad para mí, un lugar en el que ningún enemigo me capturaría jamás, un castillo blando y caliente como una cama recién hecha, unos labios que siempre me besarían, unos brazos que nunca dejarían de abrazarme, una máquina de querer que funcionaba a tope, siempre igual,

5 **arrastrar** tirar de uc o up – 7 **un pastor** up que cuida animales – 9 **el tocino** grasa de cerdo – 9 **un poder** *mágico* Zauberkraft – 10 **avaro** tacaño, ≠ generoso – 11 **una renta** alquiler – 12 **un hada** *f* Fee – 20 **a salvo** *loc* fuera de peligro – 21 **un alcornoque** Korkeiche – 21 **un tramo** cada parte en que se divide uc (Abschnitt) – 22 **un barrote** Gitterstab – 23 **un perseguidor** up que persigue (en el juego) – 23 **de turno** *loc* que le toca actuar en un momento determinado – 23 **desalentar** desanimar – 26 **capturar** atrapar, coger – 29 **a tope** al máximo

cuando me portaba bien y cuando me portaba mal. Piedad era ¡casa!, era mi casa, y era el mundo.

Aparte, al otro lado del pasillo, vivía mi familia.

El último regalo de la Naturaleza que mi madre estaba dispuesta a recibir con alegría a los cuarenta y un años bien cumplidos era un embarazo, y sin embargo, con esa edad me concibió a mí, la cuarta de sus hijos, justo cuando el primero, mi hermano Alfonso —que en mi memoria nunca ha dejado de ser un señor con traje azul y corbata que venía a comer a casa un domingo sí y otro no— terminaba la carrera de derecho con la intención de casarse inmediatamente después. De mis hermanas conservo más recuerdos, más precisos, aunque nunca llegamos a jugar juntas, ni siquiera a coincidir en el colegio. Cristina es catorce años mayor que yo, Cecilia dieciséis. Las dos se casaron a la vez, con apenas unos meses de diferencia, cuando yo estaba a punto de cumplir diez, y las dos se empeñaron en que llevara sus arras hasta el altar en una bandeja de plata. Lo hice muy bien las dos veces, sin tropezar y sin dejar caer ni una sola moneda, pero me aburrí mucho en los ensayos.

Bodas, bautizos, comuniones, cumpleaños, entierros, funerales y fiestas en general eran para mí días doblemente excepcionales, porque descosían la rutina de mi vida por dos costuras distintas. Por un lado, me ponía un vestido nuevo, me dejaba peinar con raya al lado y más esmero de lo habitual, asistía con gestos devotos a la ceremonia, cualquiera que fuese, y comía después en un restaurante. Por otro lado, imitando cuidadosamente a mi padre, a mi madre, a mis hermanos, me comportaba como si fuera un miembro más de la familia, ese conjunto de extraños amables y bienintencionados en general

1 **portarse** comportarse, actuar – 3 **aparte** a otro lado, separado – 7 **concebir** quedar embarazada – 11 **inmediato** enseguida – 13 **coincidir** estar en el mismo lugar al mismo tiempo – 17 **las arras** *pl* 13 monedas que se dan los novios como símbolo en una boda religiosa – 18 **tropezar** chocar – 21 **un bautizo** Taufe – 21 **un entierro** acto de poner bajo tierra a up – 23 **descoser** *fig* romper – 24 **una costura** *fig* lugar, parte – 25 **una raya** línea – 25 **esmero** con mucho cuidado – 26 **devoto** religioso practicante – 29 **comportarse** actuar, reaccionar

con el que me tropezaba a lo sumo un par de veces —un beso a la vuelta del colegio, otro por la noche, antes de irme a la cama— todos los demás días, mientras vivía con Piedad en sus dominios de la cocina, sin echar nada de menos.

En ese pequeño país —un vestíbulo de servicio, una cocina, un *office,* una despensa, un dormitorio y un aseo diminuto, con una bañera cuyo tamaño alcanzaba a duras penas la cuarta parte de la superficie de las restantes bañeras de la casa— transcurrió una infancia tan feliz como pueda llegar a serlo cualquier otra, los años más plácidos y emocionantes de mi vida. Piedad me quería, me cuidaba, se ocupaba de mí, y siempre —tal vez porque era muy joven, sólo un año mayor que mi hermana Cecilia— se las arreglaba para divertirse mientras lo hacía, por eso yo me divertía tanto con ella. También sabía ser severa, hasta estricta si lo consideraba necesario, pero ningún reproche, ni siquiera la más ácida de las regañinas, logró hacer nunca mella en la infinita confianza que me inspiraba, esa seguridad que me impulsaba a gritar su nombre, y no el de mi madre, cuando tenía pesadillas por la noche, hasta que los adultos decidieron que la mejor solución para el sueño de todos consistía en que me trasladara inmediatamente al dormitorio de Piedad, la única habitante de la casa que creía en mi miedo, y en mi angustia, la única dispuesta a levantarse de madrugada y ocupar un hueco en mi cama para combatir con palabras y caricias a los monstruos que me torturaban y que nunca más volverían a visitarme.

No dejaba de ser consciente de mi extraña posición en aquella casa, pero antes de alcanzar la edad suficiente para sentirme rebajada por frecuentar casi exclusivamente la puerta

1 **tropezar** *aquí:* encontrarse – 1 **a lo sumo** como máximo – 5 **un vestíbulo** entrada – 6 **un office** *ingl* cuarto al lado de la cocina – 6 **una despensa** pequeña habitación para guardar comida – 6 **un aseo** baño – 7 **a duras penas** *loc* difílmente – 10 **plácido** agradable, tranquilo – 13 **arreglárselas** *loc coloq* encontrar una solución en una situación difícil – 15 **severo** riguroso, duro – 16 **un reproche** censura, crítica – 16 **ácido** *aquí:* duro – 16 **una regañina** Schelte – 17 **hacer mella** *loc* dejar *huella* (Spur), causar efecto uc en up – 19 **una pesadilla** mal sueño – 21 **trasladarse** mudarse – 24 **un hueco** *aquí:* espacio, lugar – 24 **combatir** luchar – 29 **rebajado** por debajo de su categoría

de servicio, ya había elaborado una fórmula satisfactoria, capaz de resumir el mundo sin obligarme a renunciar a nada. Todos los niños que yo conocía —mis primos, mis amigos del parque, las compañeras del colegio— tenían una sola madre, que sin dejar de ser ella misma, y según las funciones que desempeñara en cada momento, podía desdoblarse en dos seres distintos, con nombres distintos, *mi madre* y *mamá. Mi madre* era la autoridad, la señora que tomaba las decisiones importantes. Ella pagaba la matrícula en septiembre y firmaba las notas en junio, compraba el uniforme y los libros de texto, llevaba a sus hijos de visita los domingos y se encargaba de que las camas estuvieran hechas y la comida caliente todos los días. Después, cuando un niño tenía fiebre, cuando se caía del columpio y se hacía sangre en una rodilla, cuando lloraba porque los amigos habían dejado de *ajuntarle,* cuando le asaltaba la célebre hambre selectiva de chocolate al pasar junto al escaparate de una pastelería, cuando se rompía su juguete favorito o cuando, simplemente, le apetecía declarar una guerra de cosquillas, *mi madre* se disolvía en un instante, sin quejarse, sin llamar la atención, sin hacer ruido, para ceder su cuerpo y su rostro, sus manos y su voz, a *mamá,* una especie de hada doméstica con poderes suficientes para resolver la mitad de los problemas y hacer mucho más soportable la otra mitad. En la vida de todos los niños que yo conocía, una sola mujer bastaba para representar ambos papeles, pero en la mía había dos. Doña Carmen era *mi madre.* Piedad era *mamá.*

El detalle de que mamá cobrara un sueldo de mi madre los últimos días de cada mes no tenía ninguna importancia, porque la presencia de Piedad no se limitaba a los días laborables. Mis tías, algunas amigas de la familia y sobre todo mi abuela paterna, expresaron un profundo escándalo —que,

6 **desempeñar** realizar, hacer – 6 **desdoblarse** dividirse, separarse – 7 **un ser** persona – 11 **encargarse de uc** tener como tarea – 14 **un columpio** Schaukel – 15 **ajuntar a up** *infan aquí:* dejar jugar con up – 16 **asaltar uc** llegar de repente – 19 **las cosquillas** *pl* sensación que produce risa al ser tocada alguna parte del cuerpo – 19 **disolverse** deshacerse – 20 **ceder** dar, abandonar – 30 **laborable** de trabajo

en el caso de esta última, rayaba abiertamente en el desprecio hacia su hijo— el primer año que Piedad, después de pasar con nosotros en la playa el mes de julio, fue autorizada a llevarme consigo de vacaciones a su pueblo, una pequeña aldea de Segovia donde, por lo visto, me divertí muchísimo arreando ovejas cuando todavía no había cumplido los cinco años.

—¿Lo ves? —le dijo mi madre a su suegra cuando regresé a Madrid, más gorda, muy morena, y con un aspecto sanísimo—. ¡Si a los críos les sienta estupendamente el campo! Y a ver cómo me las habría arreglado yo en Jávea con Berta y sin servicio, si las niñas no perdonan una noche sin salir, y tu hijo anda todo el santo día liado con el velero... Todas las vacaciones metida en casa, ¡ya me contarás, menudo plan!

Mientras Piedad fue una chica decente, con novio en el pueblo, sus jueves y sus domingos me incluían a mí tanto como ella estaba incluida en mis lunes y mis martes. Si había quedado con sus amigas en una cafetería, me invitaba a tortitas para que me portara bien, si iba de visita a casa de su hermana, que vivía en Vicálvaro, me dejaba jugando en el patio con sus sobrinos, si decidía ir de compras, me encargaba que vigilara la cortina del probador para que no la viera nadie, y después me dejaba entrar para que opinara qué vestido le sentaba mejor. Roque estaba siempre trabajando y nunca podía venir a verla *—que es lo que tiene, el ganado, que es muy esclavo,* le disculpaba su novia—, pero de vez en cuando, mi madre entraba en la cocina con gesto distraído, a media tarde, y le comunicaba que podía disponer del siguiente fin de semana.

—El señor tiene que marcharse el jueves, por negocios, y estará fuera cuatro o cinco días como mínimo, y las niñas

1 **rayar** casi llegar, tocar – 4 **una aldea** pueblo muy pequeño – 5 **Segovia** ciudad de Castilla la Mancha a 92 km de Madrid, famosa por su acueducto – 5 **por lo visto** *loc* al parecer, según dicen – 5 **arrear** ir detrás de un animal para que camine – 9 **sentar uc** hacer efecto en la salud – 10 **Jávea** localidad turística en la costa valenciana – 11 **andar** *aquí:* estar – 12 **santo** da énfasis al sustantivo – 12 **liado** ocupado – 12 **un velero** barco ligero de vela – 17 **una tortita** masa de harina y huevos a la plancha – 18 **portarse** comportarse, actuar, reaccionar – 19 **Vicálvaro** distrito del sureste de Madrid – 21 **una cortina** tela que tapa uc *p ej* una ventana – 26 **distraído** despistado, que piensa en otra cosa

me acaban de decir que se van el viernes por la tarde a casa de su abuela, a Torrelodones, así que, total, para lo que vamos a ensuciar Berta y yo, si te quieres ir el sábado a ver a tu familia…

En ese momento, yo siempre dudaba entre añadirme, por derecho propio, al grupo de «las niñas» y anunciar que, por mucho que protestaran mis hermanas, yo también me iba a Torrelodones, o esperar al sábado por la mañana para marcharme con Piedad a su pueblo, y siempre escogía el segundo plan, porque mi abuela materna, propietaria de la hermosa casa de campo en la que nadie podía imaginar aún que transcurrirían tantos años de mi vida, era buena y cariñosa, pero sólo le gustaba jugar al Scrabble inventándose palabras todo el rato, y perder con ella era muy aburrido. Además, Piedad se ponía muy contenta cuando, a mediodía, recién peinada y agitando las manos en el aire para que se le secaran pronto las uñas pintadas de rojo oscuro, mi madre, con la cara embadurnada de barro —su mascarilla favorita—, entraba en la cocina, se me quedaba mirando y me decía, con la mueca propia de quien transige en un detalle sumamente doloroso:

—¿Quieres irte tú también, Berta? Si a Piedad no le importa…

A Piedad solamente le importó una vez, porque sospechaba que yo estaba incubando algún virus infantil, y aunque se ofreció a quedarse conmigo, no obtuvo permiso para hacerlo. A la hora de comer, la piel de mi pecho comenzó a explotar despacio, discretamente, apenas seis o siete pequeñas ampollas translúcidas, pero cuando mi madre se acercó a mi

2 **Torrelodones** municipio al noroeste y a 29 kms de Madrid – 3 **ensuciar** manchar (→ sucio) – 5 **añadirse** unirse – 13 **Scrabble** juego de formar palabras – 16 **agitar** mover de un lado a otro – 17 **una uña** Fingernagel – 18 **embadurnado** cubierto, manchado – 18 **el barro** masa de agua y tierra – 18 **una mascarilla** *para la cara* producto cosmético – 20 **una mueca** gesto que expresa *p ej* disgusto (Grimasse) – 20 **transigir** consentir en uc que no se cree justo o adecuado – 25 **incubar** *una enfermedad* desarrollarse – 29 **una ampolla** bolsita de líquido en la piel (Wasserblase) – 29 **translúcido** transparente

cuarto a media tarde para despertarme de la siesta, la erupción ya se había desbordado, invadiendo mi cara, mis brazos, mi estómago, una varicela de las que hacen época.

—No te rasques —me advirtió, después de instalar un televisor pequeño sobre la cómoda y abandonarme en dirección al salón, donde la esperaban ciertos misteriosos invitados—, y menos en la cara. Aguanta el picor o te quedarán señales para toda la vida. Y no te muevas de la cama, eso sobre todo. Ya vendré yo a verte de vez en cuando…

Pero la varicela tiene una ventaja, no se pasa más que una vez en la vida, y hubo otros fines de semana para salir al campo a coger moras, tardes de río y mallas repletas de cangrejos vivos, noches en las que hacer burla de la nieve al amparo de un fuego de leña, muchas procesiones y muchas romerías, muchas mañanas de sol para subir al monte con la comida de Roque, y comer con él encima de una peña. Mientras tanto, mi amor por Piedad perdía poco a poco el carácter de una vocación para convertirse en un ingrediente esencial, natural, absolutamente indisociable de mi propia vida.

—¡Berta! —La misma mañana de su boda, Cristina irrumpió en el salón sin avisar, con la maquinilla que usaba para afeitarse las piernas en una mano y cada uno de los nervios de su cuerpo concentrado alrededor de su boca, que se desencajaba en cada chillido—. ¿Dónde has metido el taburete del baño?

Todos —mis padres, mis hermanos, mis abuelos, los amigos íntimos que se habían reunido en casa para acompañarnos a la iglesia— me miraron a la vez, suplicando con los ojos

1 **una erupción** aparición súbita de *p ej* una enfermedad – 3 **la varicela** Windpocken – 4 **rascarse** sich kratzen – 7 **un picor** ligero malestar – 12 **una malla** red – 12 **repleto** lleno – 12 **un cangrejo** Krebs – 13 **hacer burla** burlarse, engañar – 13 **el amparo** protección – 14 **una romería** fiesta de pueblo – 15 **el monte** tierra elevada sin cultivos con *matorrales* (Gebüsch) y árboles – 16 **una peña** monte con muchas piedras – 18 **la vocación** Berufung – 19 **indisociable** inseparable – 20 **irrumpir** entrar violentamente – 21 **una maquinilla** aparato para afeitearse – 22 **afeitearse** cortarse el pelo débil del cuerpo – 24 **desencajarse** salirse de su lugar – 24 **un taburete** Hocker

una respuesta rápida y eficaz, porque la histeria de la novia rebasaba ya, con creces, la paciencia de un santo.

—Ten por cierto, Cristina —contesté, nerviosa, sin escoger mucho las palabras—, que yo no he ocultado el escabel.

—¡Qué barbaridad! —dijo el mejor amigo de mi padre, al que llamábamos tío Armando aunque no formara parte de la familia— ¡Pero qué bien habla esta niña!

—Sí —contestó mamá, sin darse importancia—, es que es muy estudiosa…

Eso era verdad, pero yo no había aprendido en ningún libro a hablar el castellano característico de la zona rural frontera entre las provincias de Burgos y Segovia ni, desde luego, era capaz de utilizarlo a mi antojo. Aquélla era, simplemente, mi lengua materna, la lengua de Piedad, que distinguía perfectamente entre la pronunciación de poyo y la de pollo, y bromeaba afirmando que en mi casa, todos los jueves, se comía banco de piedra estofado.

Nadie advirtió la verdad, quizá porque en la época en la que se casaron mis hermanas, hacía ya más de dos años que sólo íbamos al pueblo en verano, dos años desde que Piedad y yo no nos sentábamos juntas, ni siquiera en la misma fila, cuando íbamos al cine.

2

Al verla salir del baño, frotándose las manos con una insistencia que aplicaba un barniz de desesperación sobre un gesto tan trivial, apenas reparé en la desaforada dosis de crema Atrix que embadurnaba sus dedos, sus palmas, sus muñecas, aunque hacía ya varias tardes que asistía,

1 **eficaz** efectivo – 2 **rebasar** superar, sobrepasar – 2 **con creces** abundantemente – 4 **un escabel** pequeño taburete para descansar los pies – 12 **Burgos** ciudad de la provincia de Castilla-León famosa por su catedral – 13 **a antojo** como se quiere – 15 **un poyo y pollo** ejemplo para explicar la diferencia que se hace en algunos lugares de España entre la *y* y la *ll* – 16 **bromear** reírse (→ broma) – 17 **estofado** asado, preparado, cocinado – 18 **advertir uc** darse cuenta de uc – 24 **frotar** pasar uc sobre otra cosa muchas veces – 25 **un barniz** *fig* capa ligera, un poco de uc – 26 **reparar** darse cuenta – 27 **una palma** *de la mano* parte interior – 28 **una muñeca** Handgelenk

perpleja, a la repetición constante de aquella escena, Piedad combatiendo la aspereza escarlata de su piel —no podía fregar con guantes porque los platos y los vasos se le escurrían para estrellarse contra la pila sin que sus yemas llegaran a echarlos de menos— con un tarro de tamaño familiar que, de seguir así las cosas, no le iba a durar ni dos semanas. El espectáculo de su rostro, mucho más extraordinario, atrajo instantáneamente mi atención, en cambio.

—No me pongas esa cara —murmuró ella cuando se dio cuenta, sin dejar de frotarse nunca las manos— No me apaño muy bien, ya lo sé, como no tengo costumbre...

—Pero ¿qué dices, Piedad? —protesté—, ¡si estás guapísima! Nunca has estado tan guapa como ahora.

Y era sincera. Hasta entonces, siempre había pensado que Piedad no se pintaba porque no lo necesitaba. Que mis hermanas, pese a ser más jóvenes que ella, nunca salieran de casa con menos de tres tonos distintos en cada párpado, no tenía mucho misterio, porque todas nosotras, incluyendo a mi madre —cuyo principal objetivo en esta vida consistía en aparentar diez años menos de la edad que tuviera en cada momento—, siempre hemos sido más feas que Piedad. La elegancia, el estilo, la clase, la calidad de la ropa, el corte de pelo mejor elegido, la destreza para andar con gracia sobre unos tacones, tenían poco que hacer frente a la intensa dulzura de aquellos ojos verdes de un brillo casi líquido, salpicados de motitas doradas que retenían la luz para despedirla después a su antojo, resplandeciendo en un óvalo de proporciones perfectas, la nariz recta y pequeña, los labios carnosos, de contornos tan limpiamente definidos que parecían obra de un lápiz, y esa barbilla impecable, una curva aguda, pero no

1 **perplejo** confuso, asombrado – 2 **la aspereza** ≠ suavidad – 2 **escarlata** rojo – 2 **fregar** lavar los platos – 3 **escurrirse** caerse entre las manos – 4 **estrellarse** chocar – 4 **una pila** lugar donde se friega la vajilla – 9 **murmurar** hablar bajo, entre dientes – 17 **un párpado** Augenlid – 20 **aparentar** parecer tener una edad – 23 **una destreza** habilidad, capacidad para hacer uc – 24 **un tacón** pieza posterior del zapato para levantarlo – 25 **salpicado** repartido, manchado – 26 **despedir uc** lanzar, enviar – 27 **resplandecer** brillar – 29 **un contorno** perfil – 30 **agudo** en punta

afilada, donde se lee la marca de la belleza genuina. Piedad no necesitaba pintarse, pero estaba más guapa pintada, sobre todo aquella tarde de estreno, mientras una luz incierta, que yo no podía interpretar, sembraba de sombras el reluciente espejo de su rostro.

Nunca, tampoco, la había visto tan nerviosa, de eso estaba segura.

—Y tienes que prometerme que te vas a portar bien —me dijo en el ascensor—, que no protestarás aunque te aburra la película, que no pedirás más que una cosa, patatas o palomitas, ve pensándotelo... He quedado con un amigo mío, ¿sabes? Vendrá con nosotras al cine. Quiero que seas muy simpática con él, Berta, pero sin llegar a aturdirle, ya sabes. Me cae muy bien, y... en fin, me encantaría que no metiéramos la pata.

Cualquier otro día habría reparado en la generosidad de Piedad, que solía hablar en primera persona del plural para prevenirme de un riesgo inminente, pero le vi a través de la cristalera del portal cuando aún no había tenido tiempo de prometer nada, y le reconocí a pesar del abrigo gris, largo hasta los pies, que acortaba su estatura a cambio de hacerle parecer más fuerte, porque ni queriendo habría podido olvidar su pelo, abundante y tieso, cortado a cepillo, o la perenne expresión de tristeza que habitaba en su boca.

Ella me lo presentó como si nunca nos hubiéramos visto, y entonces me di cuenta de que antes, cuando nos tropezábamos con él en el pueblo, jamás le saludaba aunque por fuerza se tenían que conocer. Eugenio no vivía en Montejo, pero aparecía por allí en Semana Santa y solía volver para las fiestas de agosto, conduciendo un coche blanco lleno de niños con los que Piedad no me dejaba jugar, pese a que

1 **afilado** *aquí:* marcado, pronunciado – 1 **genuino** auténtico – 3 **un estreno** primera representación de un espectáculo – 3 **incierto** *aquí:* débil – 4 **sembrado** lleno – 4 **reluciente** brillante – 10 **las palomitas** *de maíz pl* Popcorn – 13 **aturdir** agobiar, molestar, cansar – 14 **meter la pata** *loc coloq* hacer o decir uc inoportuno, equivocarse – 17 **inminente** inevitable, que va a pasar pronto – 18 **un portal** puerta principal de un edificio – 22 **tieso** duro, firme – 22 **a cepillo** *loc* corto y de punta – 22 **perenne** continuo, duradero – 27 **por fuerza** seguro – 27 **Montejo** Segovia, pueblo de Piedad

vivían justo en la casa de enfrente. Ahora, sin embargo, le cogió del brazo para cruzar la calle y, cuando la acera empezó a ser demasiado estrecha para los tres, prefirió soltarme de la mano a desprenderse de la manga de lana gris. En el vestíbulo del cine, los dos se ofrecieron a la vez a comprarme una cosa, patatas él, palomitas ella, pero antes de entrar en la sala sujetando una bolsa de plástico con cada mano, ya sospechaba que tanta generosidad aparejaría ciertas contrapartidas, y no me equivoqué. Piedad escogió una de las últimas filas del cine y avanzó entre las butacas con decisión. Yo la seguí, rezongando, sin darme cuenta de que Eugenio no venía detrás de mí, pero cuando aún no había terminado de protestar por estar sentada tan lejos de la pantalla, una mano brusca, muy grande y muy morena, rematada por cinco sombras oscuras —huellas indelebles de la mugre que, de lunes a viernes, solía estar alojada bajo el borde de las uñas— avanzó sin previo aviso desde la fila de atrás, colándose entre mi cabeza y la de Piedad para posarse después en su cuello y quedarse allí, sin moverse, sin esbozar siquiera una caricia, mientras las luces se apagaban para dar paso al No-Do. Luego, tras el breve paréntesis de normalidad del descanso, una extraña charla triangular, Piedad se levantó —ahora vuelvo, me dijo— y se pasó a la fila de atrás, de donde no volvió hasta que las luces se encendieron de nuevo.

No me acuerdo de la película que vimos aquella tarde, pero estoy segura de que logró atraparme, zambullirme de cabeza en su historia, porque no me volví ni una sola vez. Con otras películas todo sería distinto, pero al cabo de unos meses,

2 **una acera** parte de la calle donde camina la gente – 4 **desprenderse** soltar, sujetar – 4 **una manga** brazo de *p ej* una chaqueta – 8 **aparejar** llevar unido uc – 8 **una contrapartida** desventaja, inconveniente – 10 **una butaca** asiento, sillón cómodo – 11 **rezongar** protestar, gruñir – 14 **rematado** terminado – 15 **indeleble** que no se puede eliminar – 15 **la mugre** suciedad – 16 **alojado** metido, colocado – 17 **colarse** meterse sin permiso – 18 **posarse** descansar, asentarse – 19 **esbozar** insinuar, mostrar levemente un gesto – 20 **un No-Do** noticiero obligatorio en los cines entre 1942 y 1981 – 21 **un paréntesis** pausa, descanso – 26 **atrapar a up** *fig* atraer, captar la atención – 26 **zambullirse** meterse de lleno en uc – 28 **al cabo de** después de

Piedad renunció incluso a la oscura complicidad de las salas de reestreno para abrazar y besar a Eugenio delante de mí y al aire libre, en los merenderos de la Dehesa de la Villa, en las verbenas de los barrios periféricos, en las supuestamente lujosas cafeterías de la calle Preciados, o hasta en la esquina de mi casa, Conde de Xiquena con Bárbara de Braganza, tan lejos del cochambroso cine Chueca —que, a despecho de su nombre, se alzaba justo en la esquina donde la Plaza de Chamberí desemboca en el Paseo del Cisne—, que les cobijó por primera vez. Yo encajé tales prodigios con el ánimo más favorable que una pareja puede esperar de un hijo adoptivo, pero en mi actitud pesaba mucho más el cálculo interesado que cualquier hipotética capacidad para comprender fenómenos que estaban muy por encima de mi más precoz inteligencia, si es que mi inteligencia fue precoz alguna vez.

La próxima, aunque nunca del todo inminente, boda de Piedad, que bordaba sábanas y manteles en sus ratos libres y siempre, cuando se encontraba con Roque, cotejaba los números de su cartilla con los de la cartilla de su novio, dejó de proyectar sobre mi futuro las afiladas sombras de una espada impaciente. Piedad ya no pensaba en casarse. Eso se lo debía a Eugenio, y también las explosiones de euforia de los primeros meses, esa especie de locura, como un brote de felicidad desatada, un calor parecido a la fiebre, a la dorada ebriedad de la que hablan los textos antiguos, el temblor que yo jamás he padecido sino en ella, a través de ella, porque

2 **un reestreno** película no actual – 3 **un merendero** *Esp* bar o quiosco al aire libre – 3 **Dehesa de la Villa** parque de bosque en el noroeste de Madrid – 4 **una verbena** *Esp* fiesta popular con baile – 5 **Calle Preciados** calle comercial del centro de Madrid – 6 **Calle Conde Xiquena y Bárbara de Braganza** calles centro de Madrid, cerca del Paseo de Recoletos – 7 **cochambroso** *coloq* sucio, en mal estado – 7 **Chueca** barrio alternativo de Madrid – 7 **a despecho de uc** a pesar de – 8 **Plaza de Chamberí** plaza que da nombre a un barrio muy madrileño – 9 **desembocar** ir a dar – 9 **cobijar a up** proteger, dar refugio – 10 **encajar** *coloq* aceptar uc sin mucha queja – 10 **un prodigio** maravilla – 14 **precoz** pronto, temprano – 17 **bordar** sticken – 18 **cotejar** comparar – 19 **una cartilla** *de ahorros* cuadernillo donde se apunta el dinero en el banco – 21 **una espada** Schwert – 23 **un brote** manifestación – 24 **desatado** incontrolable – 25 **la ebriedad** *fig* borrachera – 25 **un temblor** → temblar – 26 **padecer** sufrir, tener

Piedad brillaba, iluminaba el mundo, lo transportaba entero sobre la nube que defendía sus pies del polvo, y reía, se reía sin tener motivos, y se echaba a llorar sin dejar de reír, y cuando la miraba, me parecía una niña pequeña, más pequeña que yo, menos consciente, y al mismo tiempo una mujer enorme y lejana, solemne como una estatua, distinta como una diosa, y única, porque era todas las mujeres a la vez, todas las mujeres vivían en ella, y este planeta había nacido, se había formado, y había crecido para Piedad, para que Piedad sintiera, para que Piedad amara. Yo, que nunca he formado parte de los escogidos, viví también aquel amor como una pasión propia, lo seguí de cerca, con ojos atentos, avariciosos, sin palabras aún para explicármelo pero con abrazos para compartir, y me aprendí las letras de decenas de boleros, afirmaciones de amor total, quejas de amor venenoso, llantos de amor traicionado, y sentencias todavía más tremendas, más absolutas, más hermosas aún, pero más brutales, yo no sé si tendrá amor la eternidad, cantábamos, pero allá tal como aquí, en la boca llevarás sabor a mí…

Después, Piedad perdió las ganas de cantar para murmurar entre dientes aquella frase terrible, este hombre va a ser mi ruina, y nunca lo decía una sola vez, sino que lo repetía deprisa, para sí misma, como rezando, este hombre va a ser mi ruina, este hombre va a ser mi ruina, y a mí me daba miedo oírla hablar así, y me daba miedo ver lo deprisa que cambiaba, porque seguía siendo una mujer diferente, distinta a la que fue antes y a todas las demás mujeres que yo conocía, y seguía estando muy guapa, pero sus mejillas se teñían de otro color, un rojo más oscuro, más cerca del morado, y ya no alternaba la risa con el llanto, pero pasaba mucho tiempo sentada en una silla sin mover un músculo, los ojos fijos en la pared, los

11 **un escogido** elegido *aquí:* up que se enamora locamente – 12 **avaricioso** up que quiere tener mucho o desea uc – 14 **un bolero** canción de ritmo lento y bailable – 15 **venenoso** *aquí:* malintencionado, mortal – 15 **un llanto** lágrimas con lamentos – 15 **traicionado** engañado, mentido – 16 **una sentencia** frase, afirmación – 18 **«Sabor a mí»** (1959) famoso bolero mexicano – 28 **teñir** cambiar de color – 29 **morado** violeta

labios soldados, completamente sola aun estando conmigo, y a ratos se volvía loca otra vez de la buena locura, la locura de antes, pero luego empezó a contagiarse de una locura nueva, turbia, peligrosa, locura de la ira y del despecho, como un presentimiento de desesperación, y se pasaba las mañanas de domingo tumbada en la cama, mi madre se quejaba, ya no trabajaba tan bien como antes, y yo no podía encubrirla porque no la entendía, no comprendía por qué estaba cambiando tan deprisa, hasta que llegó un momento en que se quedó como estaba, terca, triste, y ya no pasó nada, sólo el tiempo, y cumplí diez años, y luego once, y Piedad empezó a dejarme en casa cuando quedaba con Eugenio aunque le veía menos que antes, y nuestra vida recuperó una cierta rutina antigua hasta que se decidió a romper con él, y entonces descubrí que todo podía ser muchísimo peor.

—Esto es lo que tendría que haber hecho hace años —me dijo al volver a casa mientras la ayudaba a preparar la cena—, en lugar de perder tanto el tiempo, porque no se puede vivir así, como yo he vivido. Tú lo entiendes, ¿no, Berta? —En ese momento levanté los ojos para mirarla y la encontré muy tranquila, tan serena como su voz. Sonreía.

—Claro que sí, Piedad —contesté, aunque me imaginaba que había hecho aquella pregunta por hablar, y no porque le interesara de verdad conocer mi opinión— Y has hecho muy bien.

—Sí, yo también lo creo —asintió—. No había otro camino, no había… otra… otro…

Entonces se detuvo, pero yo estaba segura de que aquella pausa no tenía otro objeto que dejar pasar el tiempo mientras escogía bien las palabras, y no levanté los ojos de la lechuga que estaba picando hasta que noté que se había desplomado

1 **soldado** pegado, unido – 1 **aun** incluso – 3 **contagiarse** tener una enfermedad a través de up – 4 **turbio** ≠ claro – 4 **la ira** Zorn – 4 **el despecho** enfado por un desengaño (Erbitterung) – 5 **el presentimiento** sensación de saber qué va a pasar – 7 **encubrir** evitar, impedir que se sepa uc – 10 **terco** que no cambia de actitud – 14 **romper** *aquí:* terminar con una relación sentimental – 21 **sereno** tranquilo – 28 **detenerse** pararse, quedarse quieto – 31 **picar** cortar

hacia delante. Cuando la miré, estaba doblada sobre sí misma, la cabeza apuntando al suelo, el pelo balanceándose en el aire, lacio, como muerto, y los brazos cruzados alrededor de la cintura, abrazando la repentina deformidad de su cuerpo. Me abalancé sobre ella y no conseguí enderezarla, pero sujeté su barbilla entre las manos para obligarla a levantar la cara, y era tal la expresión de dolor que vi en su rostro —la frente arrugada, los párpados apretados, la boca fruncida, como si la mano de un dios, o de un demonio, le hubiera estrujado la piel hasta concentrar todos sus rasgos en el centro—, y tan sordas las quejas que al nacer parecían desollarle la garganta, que me convencí enseguida de que Piedad había sufrido un ataque, un infarto, un cólico, algo parecido, pero cuando salí corriendo de la cocina con la intención de avisar a mi madre para que llamara al médico, ella salió corriendo detrás de mí.

—Déjalo, Berta —me dijo, agarrándome por los hombros—. No te asustes, no es nada…

Y, sin embargo, fue todo. El dolor, la desesperación, una falsa indolencia, la muerte en vida, sucesivas etapas de una enfermedad crónica, un virus sin remedio, una infección mortal e intermitente. La primera fase pasaba deprisa, pero el corazón seguía retorciéndose cuando dejaba de retorcerse el cuerpo, y luego era peor, porque vómitos y jaquecas, insomnio y falta de apetito resultaban mucho más tolerables que la apatía y el silencio, o la lentitud con la que Piedad arrastraba las zapatillas por el pasillo, como si solamente mover los pies le exigiera un esfuerzo atroz, insoportable. Yo la miraba y sufría con ella, porque hacía ya muchos años que había desdeñado la última oportunidad para elegir, y mi destino

2 **apuntar** en dirección hacia – 4 **una cintura** Taille – 4 **una deformidad** desfiguración, alteración de la forma – 5 **abalanzarse** irse hacia, lanzarse sobre uc o up – 5 **enderezar** poner recta, levantar – 9 **estrujar** apretar con fuerza – 10 **sordo** *aquí:* silencioso – 11 **desollar** cortar – 12 **convencerse** estar seguro de uc – 16 **agarrar** sujetar con fuerza – 19 **una indolencia** falta de sentimientos – 21 **intermitente** seguido, que viene y va – 22 **retorcerse** doblarse, dar vueltas a uc – 23 **una jaqueca** dolor de cabeza intenso – 23 **el insomnio** falta de sueño – 25 **la apatía** falta de ganas – 28 **desdeñar** rechazar, de

estaba ligado a la supervivencia de aquel fantasma por lazos mucho más intensos que los de la sangre, si es que esos lazos existen. Yo había querido amar a Piedad, la había elegido, la había adoptado, había invertido en ella toda mi fe, todas mis risas, todos mis besos, ya no podía encontrar un camino de vuelta y además me negaba a encontrarlo. A cambio, me propuse quererla más que nunca, e intenté distraerla, sacarla de casa, bombardearla con chismes, con chistes, con historias verdaderas o inventadas, y no conseguí nada, no fui capaz de moverla ni un milímetro del centro del pantano en el que se iba hundiendo lentamente, pero cuando más perdida parecía, un domingo por la tarde me vio fregando los platos y esa imagen por fin la hizo reaccionar.

—¡Deja esa copa inmediatamente, Berta! —gritó casi, levantándose de la silla desde la que fingía mirar la televisión.

—Si no me importa fregar... —protesté, sin mucha convicción.

—Pero a mí sí me importa que friegues —contestó—, porque tú eres una niña, y los niños no trabajan. Además, éste es mi trabajo, no el tuyo. Hasta aquí podíamos llegar —se lanzó sobre la vajilla con una energía que no desplegaba desde hacía meses, y siguió murmurando entre dientes—. Esto no puede ser, Dios mío, no puede ser. Todo esto es una locura...

Desde aquella tarde, Piedad se esforzó en bordar sus tareas, recobrando el nivel de eficiencia del que tanto se maravillaban las amigas de mi madre antes de que empezara a salir con Eugenio, pero la precisión mecánica de todos sus gestos, la dureza de su rostro, el silencio de sus labios, revelaban, tras una aparente recuperación, el nacimiento de otra Piedad, una muñeca articulada, indiferente, fría, que me gustaba todavía

1 **ligado** unido – 1 **los lazos de sangre** Blutbande – 4 **la fe** creencia religiosa – 7 **proponerse** tener la intención de hacer uc – 7 **distraer a up** hacer pensar en otra cosa – 8 **un chisme** cotilleo (Klatsch) – 10 **un pantano** *fig* lago con mucho barro (Sumpf) – 15 **fingir** simular, hacer como si – 17 **la convicción** seguridad, creencia en uc – 21 **desplegar** mostrar, manifestar una habilidad – 24 **esforzarse** intentar hacer uc bien (→ esfuerzo) – 24 **bordar uc** *aquí:* hacer uc muy bien – 28 **revelar** mostrar un secreto, delatar – 29 **una recuperación** mejora – 30 **indiferente** que no muestra ningún sentimiento

menos que la mujer desesperada, pero por tanto viva, que había sido antes. Por eso me alegré tanto aquella tarde de primavera, cuando me encontré con Eugenio en la puerta del colegio. Ya había cumplido doce años y solía volver a casa sola, pero Piedad todavía venía a recogerme algunas veces cuando tenía que hacer recados por el barrio, y la busqué con los ojos hasta que me di cuenta de que su novio iba vestido con un mono azul, y recordé que nunca le había visto así a su lado.

—Hola —le di un beso en la mejilla—. ¿Qué haces aquí?

—He venido a verte —me contestó en voz baja, titubeando, como si se arrepintiera de cada palabra que pronunciaba—. ¿Piedad…?

—No, ella ya no viene a buscarme. Ya soy mayor.

—Claro…

Nos quedamos parados en medio de la acera, sin decir nada, yo le miraba con curiosidad, él se miraba la punta de los zapatos mientras le daba vueltas y vueltas a un papelito que sostenía con las dos manos, a la altura del pecho. Así dejamos pasar cuatro o cinco minutos, tal vez más, y nunca he vuelto a ver un rostro tan sombrío.

—Bueno, Eugenio —rompí el silencio con el acento más corriente que pude improvisar, porque no podía estar toda la vida esperándole—, pues me tengo que ir a casa.

—No, espera…

Todavía hizo una pausa, como si necesitara respirar antes de decidirse.

—Toma —me tendió aquel papel con las dos manos en un gesto brusco y solemne a la vez, que me recordó el que hacen los sacerdotes en misa cuando elevan la hostia consagrada—. Es para Piedad. Lo he copiado de un almanaque.

Era una hoja arrancada de un bloc de papel cuadriculado, corriente, de esos que tienen el espiral arriba, escrita por

5 **recoger a up** ir a buscar – 6 **un recado** encargo, tarea – 8 **un mono** traje de trabajo de cuerpo entero – 10 **titubear** dudar al hablar o hacer uc – 20 **sombrío** triste, melancólico – 27 **tender** alargar, acercar – 29 **elevar** levantar, subir, – 29 **una hostia consagrada** pan bendito – 30 **un almanaque** calendario – 31 **arrancar** sacar, quitar uc con violencia – 31 **cuadriculado** dividido en pequeños cuadros

una sola cara con un bolígrafo azul y la caligrafía redonda, trabajosa, de un mecánico de coches apenas acostumbrado a apuntar alguna cifra, y sin embargo, la expresión de sus ojos líquidos, el temblor de sus manos aún extendidas y, sobre todo, el color de sus mejillas, un sonrojo impensable en un hombre tan mayor, me convencieron de que aquella nota era muy importante para él. Cuando me la metí en el bolsillo doblada en cuatro, tal y como la había recibido, me pregunté si Eugenio sabría que Piedad nunca había aprendido a leer, pero después de despedirme de él, comprendí que ni siquiera ese detalle tenía importancia.

—Adiós, Berta —murmuró, y cuando ya me había alejado unos pasos, sin moverse del sitio, añadió aquello—: Y dile que me estoy muriendo.

Empecé a leer en alto sin entender muy bien por qué me estaba poniendo tan nerviosa, *Cuando pienso en tu vida y la mía,* pero aquel papel arrugado y sucio, estampado de manchas de grasa negruzca, me bailaba entre los dedos, y mi voz sonaba como si estuviera a punto de rendirse en cada sílaba, *y las sombras me rozan la piel,* mientras Piedad, apoyada en el borde del fregadero, me miraba de frente, sin fingir ya indignación, como al principio, *una voz me murmura al oído:,* pero tranquila, segura todavía de sí misma, de su desprecio, *déjala, no la puedes querer,* aquél era el primer golpe, y ella lo acusó cerrando al mismo tiempo los ojos y los puños mientras yo seguía leyendo, sin marcar pausa alguna entre las estrofas, *Yo le doy la razón, pero luego,* los puños cerrados se estrellaron contra las puertas del mueble donde guardábamos el cubo de la basura, golpes apenas testimoniales, flojos al principio, *no consigo ocultar la verdad,* que fueron ganando en intensidad hasta adquirir el eco de la violencia auténtica,

1 **una cara** *de una hoja* página – 4 **extendido** alargado, estirado – 5 **el sonrojo** color en la mejilla (por vergüenza) – 13 **añadir** decir uc más – 17 **estampado** marcado (übersät) – 20 **rozar** tocar ligeramente uc – 21 **apoyado** puesto, descansado – 21 **un fregadero** pila (→ fregar) – 22 **la indignación** Empörung – 25 **acusar un golpe** reflejar la intensidad y los efectos de *p ej* una noticia – 25 **un puño** mano cerrada – 29 **flojo** sin fuerza – 31 **adquirir** llegar a ser, tomar forma de

y otra voz, más profunda, me dice:, en aquel instante me arrepentí de haber cedido ante Eugenio, porque Piedad se estaba destrozando los nudillos, *nunca vas a poderla olvidar,* y yo no podía ver otra cosa que odio en sus ojos cerrados, odio en sus labios fruncidos, odio en su rostro, en sus gestos, ella entera una imagen del odio, aunque algunas lágrimas sueltas se desprendían ya de sus pestañas, como por azar, *No conozco la sierra sin nieve,* entonces empezó a susurrar, hijo de puta, hijo de puta, hijo de puta, *no comprendo el invierno en abril,* pero el sonido de sus insultos no me engañaba, porque Piedad lloraba por fin de verdad, lloraba como si quisiera secarse para siempre, vaciarse de todo, nacer de nuevo, *sin poesía no sufro la noche,* y la emoción liberó a sus manos de la misión de la violencia, e hizo resplandecer su rostro como si una luz misteriosa hubiera trepado en secreto por su garganta, y el vello de sus brazos se erizó, y se le erizó el alma, y cuando levanté la vista por última vez, sentí que mi estómago se ahuecaba de repente, y presintiendo el sabor de mis propias lágrimas, saladas y mansas, leí en un sollozo el último verso, *no me explico la vida sin ti.*

Después, agotado mi llanto y el suyo, con los ojos muy abiertos y los dedos apretados contra las mejillas, intentando aplacar su calor, Piedad me preguntó por el único detalle que no había previsto.

—¿Lo ha escrito él?

Yo bajé la cabeza, como si necesitara estudiar bien la cuartilla antes de responder, y fijé la mirada en la última línea, aquel nombre tan largo que parecía otro verso.

—Pues claro—contesté, sin mentir todavía—. ¿Quién lo iba a escribir?

3 **destrozar** romper, destruir, deshacer – 3 **un nudillo** unión de los huesos de los dedos (Fingergelenk) – 7 **una pestaña** Augenwimper – 7 **el azar** casualidad – 8 **susurrar** hablar muy bajo – 15 **trepar** subir, escalar – 16 **el vello** pelo suave del cuerpo – 16 **erizarse** ponerse de punta – 18 **ahuecarse** vaciarse, hacerse más ancho – 19 **un sollozo** respiración con pequeñas pausas al llorar – 23 **aplacar** reducir, suavizar – 24 **prever** saber o ver uc antes de que pase – 27 **una cuartilla** hoja de papel

—Me refiero a si ha compuesto él los versos, o son de otro.

Volví a hundir los ojos en aquella letra torpe, de trazos infantiles, cuatro cuadraditos para cada redondel, cuatro para cada palote, y aquel apellido perfectamente escrito, Bécquer, con una *c* delante de la *q*, y hasta el acento, un trazo rígido, diminuto, sobre la primera *e*, y sentí por Eugenio la misma imprecisa ternura que habría sentido por un bebé, por un cachorro, por un ser indefenso y condenado, por cualquier criatura sin suerte.

—Me ha pedido que te diga que se está muriendo —entonces la miré—. Y creo que es verdad.

—¿Y yo? —me preguntó—. ¿No me estoy yo muriendo? Y la culpa es suya, suya, que se casó con otra...

La última palabra se le quebró en los labios como si la hubiera partido con los dedos, y entonces comprendí que estaba a punto de volver a llorar, y me dije que Piedad no sabía leer, que nunca distinguiría aquel nombre tan largo del resto de las líneas, y lo que dijera el poema le daba lo mismo, sólo había un par de versos importantes para ella y ésos ya se los sabía de memoria, ésos no los olvidaría jamás.

—Aquí no pone nada —comenté, renunciando a contestar a su última pregunta—. No tienen firma.

—¿En serio? —su voz todavía temblaba.

—Sí —la mía, en cambio, no se alteró—. Estoy segura de que los versos son suyos.

Por fin sonrió, y no me arrepentí de haber mentido, porque nadie en el mundo necesitaba más poesía que Piedad para sufrir aquella noche.

Mis cálculos se revelaron tan exactos como sospechaba, y Piedad jamás me reprochó que la hubiera engañado, si es que,

2 **torpe** sin gracia, con dificultad – 2 **un trazo** forma de la letra escrita a mano – 3 **un redondel** círculo – 4 **un palote** línea (para aprender a escribir) – 4 **Gustavo Adolfo Bécquer** (1836-1870) poeta romántico español – 5 **rígido** duro, tieso – 7 **impreciso** indefinido, vago – 7 **la ternura** → tierno – 8 **un cachorro** cría de animal – 8 **indefenso** desprotegido – 9 **una criatura** ser – 14 **quebrarse** romperse – 30 **reprochar** criticar, censurar, echar en cara

tras la reconciliación, Eugenio admitió alguna vez el fraude del poema que yo había robado para él, pero la profecía que ella había aventurado entre dientes un día tras otro, durante tantos años, terminó por cumplirse también, y aquel hombre fue de verdad su ruina, y fue la mía, hasta que no hubo nada que pudiéramos llamar nuestro.

—¡Tú...! ¡Eh, tú, niña! Espera un momento...

Jamás había escuchado aquella voz, y sin embargo todavía sueño con ella algunas noches.

Piedad me había mandado a la calle a traición, porque se había quedado sin pan rallado con los filetes rusos a medio hacer, y yo caminaba tan deprisa como podía, no tanto por miedo a encontrarme echado el cierre de aquella tiendecita de la calle Barquillo que estaba abierta hasta que se hacía de noche, como porque nada podría consolarme si me perdía el final del episodio de *El conde de Montecristo* que había tenido que dejar colgado, cuando ya se veía venir que el prisionero anciano de la barba blanca iba a revelar a Edmundo algún tremendo secreto. Por eso no me detuve, no volví la cabeza siquiera, diciéndome que una voz tan desconocida no podía referirse a mí, pero ella me alcanzó corriendo y me agarró del brazo entre jadeos, y me obligó a volverme, y vi a una vieja desgreñada, vestida de negro, que me miraba con una expresión en la que se mezclaban la mala leche y una cierta ausencia, cara de bruja quizá, cara de loca.

—¿Tú sabes que tu madre es una puta, niña?

Me quedé inmóvil, clavada en el suelo. Durante un par de segundos no respiré siquiera, y no vi nada, ni oí nada, como

1 **la reconciliación** vuelta a la relación de amistad anterior – 1 **un fraude** engaño, mentira – 3 **aventurar** decir uc atrevida o de lo que se duda – 10 **a traición** *loc* con mala idea – 11 **el pan rallado** pan duro molido – 11 **un filete ruso** tipo de hamburguesa rebozado – 13 **echado el cierre** cerrado – 15 **consolar** dar ánimos, quitar una pena (→ consuelo) – 16 **un episodio** capítulo – 16 **El conde de Montecristo** novela de aventuras de Alejandro Dumas (adaptada al cine y a la televisión) – 17 **verse venir** *loc* imaginarse, esperar que pase uc, prever – 22 **un jadeo** respiración dificultosa – 23 **desgreñado** despeinado, con el pelo desordenado – 24 **mezclarse** unirse, juntarse – 24 **la mala leche** *coloq* mal humor – 25 **la ausencia** ≠ presencia

si estuviera encerrada en un paréntesis de irrealidad, fuera del mundo. Luego noté la presión de sus dedos, me estaba haciendo daño.

—¡Déjeme en paz! —chillé, e intenté escaparme, pero ella me sujetaba con fuerza.

—Una puta, tu madre, eso es lo que es, una maldita zorra, y una cabrona, y así se muera y te quedes sola, como se está quedando sola mi hija...

La tiré al suelo de una patada y eché a correr. Cuando llegué al ultramarinos, pedí un paquete de pan rallado como si no hubiera pasado nada. El tendero, que me conocía desde pequeña, estaba comentando con su mujer el episodio de aquella tarde, discutiendo los detalles de la fuga del conde como si ellos dos también tuvieran que escapar de la cárcel, y les pregunté si les molestaría que me quedara a ver el final sólo para hacer tiempo, porque tenía miedo de que esa mujer siguiera esperándome al volver a casa, y miré la televisión —un pequeño aparato portátil rodeado de latas de conserva por todos los lados— sin prestar atención a lo que sucedía, porque el destino de Edmundo había perdido de golpe cualquier dosis de importancia, y cuando me despedí, entre dos anuncios, sentí que era otra persona la que decía adiós, muchas gracias.

Al volver a casa, Piedad me echó una bronca por el retraso, ya sabes que me preocupo mucho si tardas, dijo, y yo no contesté nada, porque si abría la boca iba a ponerme a llorar. Lloré después, de todas formas, me encerré en el baño para llorar pero ni siquiera así se me pasó el susto, y aquella noche soñé con la voz de esa mujer, ¿tú sabes que tu madre es una puta, niña?, y me levanté todavía más asustada, masticando la rabia y la vergüenza, quemándome por dentro, y odié sobre todas las cosas a aquella vieja mala, tan cruel y miserable, pero

1 **encerrado** dentro de uc sin poder salir – 7 **un cabrón** *coloq* mala persona – 9 **una patada** golpe con el pie – 10 **un ultramarinos** tienda de alimentos – 11 **un tendero** vendedor – 13 **una fuga** huida apresurada – 23 **echar una bronca** reñir, regañar (ausschimpfen) – 26 **encerrarse** guardarse, meterse dentro de uc – 29 **masticar** *fig* kauen

no dije nada, a nadie, ni una palabra. Presentía que hablar sólo serviría para empeorar las cosas.

Desde el primer momento, desde que ella me deseó esa soledad que me ha acompañado durante tanto tiempo, intuí a mi pesar que estaba acertando al equivocarse y que me estaba hablando de Piedad, no de mi madre. No conocía a la suegra de aquel amigo de la familia al que llamábamos tío Armando, pero sí a su mujer, que no consentía que la llamáramos tía María Teresa, y que a la fuerza tenía que ser hija de una señora como mis abuelas, elegante, bien educada, incapaz de abordar a una niña por la calle, pero ni siquiera ese detalle habría sido suficiente si yo no me hubiera levantado de la cama aquella noche de sábado que recordaba ya como lejanísima, porque cinco o seis años ocupaban todavía un espacio inmenso en la brevedad de mi memoria. Estaba harta de fiebre y de escozor, decidida a plantarle cara a la varicela, y me levanté para ir al baño sólo por hacer algo, escapar de las sábanas, dar dos pasos seguidos, entonces escuché el eco de una risa característica de mi madre, una carcajada tenue, breve, crujiente, que parecía ensayada, y me acerqué al salón para echar un vistazo, y les espié en silencio durante mucho tiempo, sin que ninguno de los dos me viera, ella sentada hacia dentro en el brazo del sillón que él ocupaba, ambos con un vaso lleno de whisky en la mano, ambos moviéndolo al mismo tiempo, el eco acompasado de los cubos de hielo que chocaban entre sí y una conversación susurrada que parecía el diálogo de una obra de teatro, y la mano de Armando reposaba sobre un muslo de mi madre, y ella se inclinaba de vez en cuando y le besaba en la boca con delicadeza, y sólo entonces la presión de los dedos de su amante se intensificaba, pero incluso en esos instantes daba la sensación de que no se estaban tomando aquello muy

10 **abordar** acercarse a up de repente *p ej* para hablar – 15 **un escozor** picor – 16 **plantar cara a up** enfrentarse, oponerse, luchar contra – 19 **una carcajada** risa ruidosa – 19 **tenue** suave, ≠ fuerte – 20 **echar un vistazo** mirar rápidamente uc sin prestar atención – 25 **acompasado** rítmico – 27 **reposar** descansar – 27 **un muslo** parte superior de la pierna – 31 **dar la sensación** parecer

en serio… Cuando encendieron el tocadiscos me desperté, porque me había quedado dormida de pie, contra la pared, sin darme cuenta, y pude volver a la cama en secreto. Ellos bailaban con los ojos cerrados.

Mientras acumulaba débiles, voluntariosos argumentos para intentar contrarrestar la liviandad de aquella escena, repitiéndome a cada paso que tenía que ser ella, y no Piedad, la inspiradora de un odio semejante, no reparé siquiera en la indiferencia con la que contemplaba el destino de mi propia madre, tan estremecedoramente ajena a la esencia de mi vida como la ropa que me ponía por las mañanas. Ella solía decir que los niños nunca son crueles, sino sinceros, igual que el sol, y en lo que a mí respecta, al menos, tenía razón. Yo no le deseaba ningún mal, pero tampoco ningún bien especial, porque no la necesitaba para nada, y si su muerte hubiera sido necesaria para hacer feliz a Piedad, habría firmado la sentencia sin dudar. En aquella época, no podía comprender que era en el exacto centro de mi amor donde nacía la causa del odio ajeno, porque la pasión escoge cuidadosamente a sus víctimas, y sólo confiere poder a quien antes ha sido capaz de negarse a sí mismo para entregarse al otro por completo. Piedad había vivido para mí hasta arrastrarme para siempre a los dominios de su amor, y estaba a punto de arrastrar a Eugenio, porque sabía romperse, y se rompía de verdad cada vez que él la tocaba. Su sinceridad, su debilidad, la hacían tremendamente peligrosa. Mi madre, a su lado, era una inofensiva actriz de reparto perpetrando un papel que le venía grande en una amable comedia de enredo. Su astucia era incapaz de conmover a nadie, porque existen los buenos amores, y los amores malos, y los dos son hondos, pero unos con otros

1 **un tocadiscos** aparato para reproducir música de discos de vinilo – 5 **acumular** almacenar, juntar – 6 **la liviandad** poca importancia – 10 **estremecedor** que hace temblar y altera el ánimo – 10 **ajeno** ≠ propio – 16 **una sentencia** juicio – 20 **conferir** dar, entregar – 26 **inofensivo** ≠ peligroso – 27 **de reparto** secundario – 27 **perpetrar** *aquí:* representar, interpretar – 27 **venir grande** ser demasiado importante – 28 **de enredo** soprendente, confuso, complicado – 28 **la astucia** habilidad para engañar – 29 **conmover** hacer sentir ternura

apenas alcanzan un porcentaje insignificante del amor que circula por el mundo, feudo indiscutible de los amores tontos y convenientes a los que aspiran la mayoría de sus habitantes, quizá porque no hay nada que temer en ellos.

No dispuse de mucho tiempo para pensar en todo esto, sin embargo, porque la situación estalló muy pronto, apenas dos meses después del ataque de aquella mujer, con la que me tropecé por segunda y última vez en el recibidor de mi propia casa, al volver del colegio, cuando Piedad ya se había marchado con Eugenio para no volver jamás.

—Así que ésta es su hija pequeña… —dijo, acercando una mano a mi cabeza.

Esquivé su caricia a tiempo con un gesto imprevisto, grosero, un torpe paso de baile, casi un salto, y encaré a mi madre, que jugueteaba nerviosamente con el picaporte como hacía siempre que una visita se prolongaba más allá de sus cálculos.

—¿Dónde está Piedad?

La mujer de Eugenio, una chica joven y muy gorda a la que había visto por el pueblo alguna vez, dejó escapar un sollozo y murmuró algo que no llegué a escuchar. Mi madre, en cambio, elevó la voz para mentir.

—Piedad ya no trabaja aquí —y detecté un rencor absurdo en sus palabras—. La he despedido esta mañana.

Corrí por el pasillo hasta la habitación que compartíamos, diciéndome que era imprescindible actuar deprisa, y registré el armario, la mesilla, la estantería de la que habían desaparecido todas sus cosas, levanté el colchón, abrí los cajones, me tiré en el suelo para mirar debajo de las camas, y aunque no sabía lo que estaba buscando, no encontré ya ninguna cosa que hubiera sido suya. Nada, excepto yo misma.

2 **circular** moverse, trasladarse – 2 **un feudo** lugar donde up tiene poder – 2 **indiscutible** evidente, seguro (→ discutir) – 3 **aspirar** pretender, desear, querer – 5 **disponer** *aquí:* tener – 6 **estallar** explotar – 8 **un recibidor** entrada, vestíbulo – 13 **esquivar** moverse para evitar uc o a up – 13 **imprevisto** brusco, repentino – 14 **encarar** ponerse enfrente con actitud agresiva – 15 **un picaporte** instrumento de un puerta para tirar de ella – 22 **detectar** notar – 22 **el rencor** Groll – 25 **imprescindible** muy importante, fundamental – 27 **un colchón** Matratze

3

Veinticinco años después, el espejo del cuarto de baño me devolvía la huella familiar de dos diminutas llagas, las pequeñísimas cicatrices que vivirán para siempre sobre mi pómulo izquierdo, mientras miraba hacia dentro, repasando, uno por uno, los contornos de una herida que tampoco se cerrará jamás, como no se borran las marcas de la varicela. Desde que perdí a Piedad, la vida no había vuelto a concederme la atención precisa para ponerme a prueba, por eso me conocía muy bien, tanto por dentro como por fuera, y sin embargo, permanecí ante el espejo durante mucho tiempo, contemplando mi rostro con una extraña atención, como si ya entonces pudiera presentir el inminente desafío de un destino tan parco, tan manso, que nunca antes se había sentado frente a mí para invitarme a echar un pulso. Pero no era así. Cuando advertí que mis pies estaban perdiendo sensibilidad en el charco de agua helada y miré el reloj, y me asusté de lo tarde que era, volví al presente de golpe, poniéndome en marcha con una energía de la que no creía disponer, y quien fregó el suelo, y vació la bañera, y ordenó las toallas, y se puso el pijama, y emprendió el recorrido de todas las noches para asegurarse de que los candados estaban echados, las luces apagadas, y la llave de paso del gas bien cerrada, era todavía la misma Berta, la mujer de antes, tremendamente fuerte, tremendamente buena, y generosa, y responsable, y seria, y eficaz, la buena hija.

Después, dando vueltas y vueltas entre las sábanas, incapaz de dormir pero presa a la vez de una especie de insomnio productivo, necesario, muy distinto del ansia desesperada de sueño de otras noches, ordené los episodios de mi vida desde un punto de partida diferente, aquella mañana de domingo,

3 **una llaga** herida abierta – 4 **una cicatriz** marca de una herida – 5 **repasar** volver a mirar, controlar – 7 **borrar** eliminar – 9 **conceder** dar, conferir – 13 **un desafío** reto (Herausforderung) – 14 **parco** corto, sobrio – 15 **echar un pulso** *loc fig* medir las fuerzas – 21 **emprender** empezar, iniciar uc – 22 **un candado** cierre – 23 **una llave de paso** Absperrhahn – 28 **preso** *adj* prisionero – 29 **el ansia** *f* angustia

imposible ya precisar la fecha, recordar si hacía frío o calor, reconstruir la escena exacta, los personajes, sus ropas, los colores, pero era domingo, aproximadamente treinta años antes, y yo me había levantado muy temprano para ir con Piedad a comprar los churros del desayuno, y ella había salido de casa con dos monederos distintos, como todas las semanas, y también como siempre, después de esperar turno, había pedido medio redondel de porras y dos docenas de churros por un lado, y aparte, tres porras más, y había pagado el paquete grande con un monedero, dinero de mis padres, y el paquete pequeño con otro, su propio dinero, y nos habíamos comido las tres porras sueltas por el camino, yo dos, ella solamente una, siempre lo mismo, y entonces sospeché que Piedad quizá fuera mi madre, y yo su hija verdadera, porque era ella quien pagaba las porras que mejor me sabían, la corteza dorada, caliente, que parecía deshacerse al contacto con mis labios para crujir después en cada mordisco, tan distinta de la pasta ya fría, y como desinflada, que desayunaban los demás en la mesa del comedor media hora más tarde, y del mismo monedero salían los pequeños regalos de todos los días, chicles, cromos, tebeos, caramelos Saci, o esas barras retorcidas de regaliz colorado que me gustaban tanto, ni mis padres ni mis hermanas habrían sabido decir cuáles eran mis golosinas favoritas, pero Piedad lo sabía y me las compraba con su dinero, y en algunos cuentos que me había contado pasaban cosas así, los amos, que eran ricos pero ya viejos, criaban como si fuera propio a algún hijo de unos pastores muy pobres que luego se arrepentían, o no, pero siempre se las arreglaban para ocuparse del niño aunque fuera a distancia, y tal vez mi caso no era muy distinto... Cuando mi madre entró en el comedor, me acerqué a ella y

5 **un churro** masa frita con azúcar – 10 **un monedero** bolsa o similar para guardar dinero – 12 **una porra** *Esp* churro largo que se corta en trozos – 15 **saber** tener sabor o gusto – 15 **una corteza** parte externa *p ej* de un árbol – 16 **crujir** hacer ruido al romperse o rozar uc – 17 **un mordisco** Biss – 20 **un cromo** dibujos o fotos para coleccionar – 21 **Caramelo Saci** dulce de azúcar duro muy popular entre los años sesenta y ochenta – 21 **el regaliz** Lakritze – 21 **colorado** rojo – 23 **una golosina** dulce

la saludé con solemnidad, buenos días, doña Carmen, dije, y todos se rieron.

Si no hubiera recuperado ese recuerdo concreto, un detalle tan aparentemente trivial, hasta nimio, en relación con el curso completo de mi existencia, en el preciso instante en que la última gota consiguió por fin desbordar el vaso, quizá mi vida no habría llegado a cambiar en nada, pero mi mente de adulta, gobernada por la lógica implacable, casi viciosa, de una matemática en paro forzoso, ya no podía detenerse, y las ideas se conectaban a una velocidad que yo siempre había supuesto malsana para razonar correctamente, y sin embargo cada conclusión se erigía en una irreprochable premisa para nuevas conexiones, y no podía desterrar la intuición de que si me hubiera sido posible expresar mi pasado en cifras, todos los resultados serían ahora justos, exactos, coherentes entre sí. Nunca antes me había parado a pensar que mi pasión por las bañeras grandes, ese inocente reflejo de una infancia articulada en miles de atardeceres marcados por la incomodidad de los lavados por piezas —primero sentada en una especie de banco que ocupaba casi la mitad de la cubeta, empezar con una pierna, luego la otra, después de pie, dejar que Piedad me enjabonara el cuerpo y me aclarara a continuación de mala manera, impulsando hacia arriba, con la mano, el agua que apenas bordeaba la frontera de mis rodillas—, pudiera leerse en una dirección estrictamente opuesta a la que determinaba mi memoria. Esa sorpresa se convirtió en la salida de una carrera cuya meta alcancé al tomar una decisión descabellada de la que no me he arrepentido todavía.

1 **la solemnidad** seriedad, gravedad – 4 **nimio** sin importancia – 8 **implacable** sin piedad, intransigente – 8 **vicioso** que tiene alguna mala costumbre (→ vicio) – 9 **forzoso** obligatorio (→ fuerza) – 11 **malsano** dañino, insano – 12 **erigirse** levantarse, fundarse – 12 **irreprochable** impecable (→ reproche) – 12 **una premisa** idea base para un razonamiento – 13 **desterrar** echar, eliminar, apartar – 15 **coherente** con sentido, relacionado con otras cosas – 20 **una cubeta** *aquí:* bañera – 22 **enjabonar** frotar y lavar con agua y jabón – 24 **bordear** estar alrededor *aquí:* llegar – 27 **una meta** objetivo a alcanzar – 27 **descabellado** sin sentido, loco

Seguí llamando a mi madre doña Carmen durante mucho tiempo, un par de meses, quizá tres, y las sonrisas sucedieron a las carcajadas, y la indiferencia a todo lo demás, hasta que me cansé sin cosechar un solo reproche, ninguna pregunta, ningún comentario, y un buen día se me olvidó seguir, y tampoco registré señal alguna que celebrara mi vuelta a la normalidad, tal vez porque ningún miembro de mi familia llegó a ser consciente de que yo hubiera pretendido abandonarla.

Ese recuerdo se hinchaba en mi cabeza como una masa saturada de levadura, progresando imparablemente desde la sospecha hacia la certeza para crecer todavía más, hasta desbordar los límites de cualquier molde y de mi propia vida, donde cada detalle cobraba un nuevo sentido. Sólo ahora me daba cuenta de que la marcha de Piedad había logrado que todas las cosas cambiaran sin que ninguna de ellas hubiera cambiado en realidad, porque su ausencia, que abarcaba por completo el pequeño mundo de mi infancia, no había sido reemplazada por presencia alguna, y yo había seguido creciendo, había seguido viviendo, y estaba a punto de empezar a envejecer, bajo el signo de esa ausencia que tal vez era la responsable de que mi mundo de adulta nunca hubiera sido mucho mayor —y quizá menor— que el territorio donde sucedió mi niñez.

Luego, cuando sonó el despertador, salté de la cama con una energía sorprendente en alguien que regresa de una noche en blanco, y representé la ficción de una mañana como las demás sin saltarme ninguna etapa, apenas algún cigarro de más después del desayuno, pero mientras se acercaba la hora habitual de despertar a la enferma, sentí cómo las hormigas que se paseaban por mi estómago se reproducían frenéticamente para colonizar hasta la más remota de mis vísceras, y subí las

4 **cosechar** *aquí:* conseguir – 9 **hincharse** crecer, aumentar de tamaño – 10 **saturado** lleno, con demasiado de uc – 10 **la levadura** Hefe – 11 **una certeza** uc que se sabe con seguridad – 12 **un molde** forma de un recipiente – 13 **cobrar** *aquí:* tener – 16 **abarcar** incluir – 17 **reemplazar** *sustituir* (ersetzen) – 26 **en blanco** *loc* sin dormir – 29 **una hormiga** Ameise – 30 **frenético** muy rápido – 31 **remoto** lejano – 31 **las vísceras** *pl* intestinos

escaleras muy despacio, como si cada peldaño, al contacto con mis pies, se convirtiera en un fragmento de una cuesta infinita, empinada y arisca, todos aquellos años, la desgarradora sensación de orfandad que me rompió por la mitad cuando tenía trece, la certeza de la soledad absoluta que me acompaña desde los catorce, y una triste victoria, un cuarto de baño para mí sola, una gigantesca bañera plantada en el desierto como el más insensato monumento. Al llegar al descansillo, me acerqué a la butaca que yo misma había transportado hasta allí años atrás para que mi madre descansara, cuando todavía quería atreverse a andar, y me senté en ella como si ahora fuera yo la inválida, y el tramo restante, una proeza superior a mis fuerzas. Pretendía meditar unos minutos más, repasar mi plan punto por punto, asegurarme de que no querría volver sobre mis pasos cuando ya no hubiera tiempo, ni margen para anular la decisión que estaba a punto de tomar, pero mientras todavía me creía capaz de encontrar en mi interior algunas gotas de esa pusilanimidad que a veces se confunde con la compasión, escuché un timbrazo, dos timbrazos, tres timbrazos seguidos.

Mientras afrontaba el último obstáculo, apenas catorce escalones para el fin del mundo, era ya incapaz de explicarme mi mansedumbre, la docilidad con la que había aceptado, tantos años antes, la dictadura del timbre que gobernaba mi vida, y recordaba bien las diversas etapas del proceso, el derrame cerebral que fulminó a mi padre cuando yo todavía no había acabado el bachillerato, la trombosis que convirtió a mi madre en una inválida dos años antes de que lograra

1 **un peldaño** escalón – 2 **un cuesta** Abhang – 3 **empinado** inclinado – 3 **arisco** *aquí:* difícil – 3 **desgarrador** penoso, doloroso – 4 **la orfandad** estado del niño que no tiene padres – 7 **plantado** *fig* puesto – 8 **insensato** loco, sin sentido – 8 **un descansillo** espacio entre dos tramos de escalera – 11 **atreverse** tener valor para hacer uc – 12 **una proeza** acción difícil o valiente – 15 **un margen** espacio para un acto o suceso – 18 **la pusilanimidad** miedo, falta de ánimo y valor – 20 **afrontar** hacer frente a uc – 22 **la mansedumbre** → manso – 22 **la docilidad** → dócil – 25 **un derrame cerebral** Gehirnschlag – 25 **fulminar** causar muerte repentina

licenciarme en Ciencias Exactas, la naturalidad con la que mis hermanos asumieron que yo me ocuparía de cuidarla hasta el día de su muerte, la rapidez y la serenidad con las que acepté una misión cuya esencia se confundía con la de mi propio destino, y aquella frase hecha con la que me premiarían tantas veces, ¡qué buena eres, Berta!, todo eso lo recordaba, pero ya no lo comprendía y no podía disculparlo, no podía seguir encubriendo la tiranía de mi madre con la debilidad de la enferma, todos sus esfuerzos por arrancarme del mundo, por tenerme entera para ella sola, los dolores fingidos, chillidos, pesadillas y tantas lágrimas, hasta que se agotó la paciencia del último de mis amigos, y Marcos se fue, y no tuve valor para ir tras él. ¡Qué suerte has tenido, hija!, dijo ella, un maestro de escuela… ¡menudo partido!, y tendría que haber gritado, tendría que haberla amenazado, haberla pegado, pero no dije nada, ¡qué buena eres, Berta!, y él fue el único que se dio cuenta de la verdad, el único que anticipó este final para ofrecerme a cambio un desenlace nuevo, una vida dulce, días fabricados con amor y matemáticas, y yo le quería, le quería tanto que sonreía sola al dormirme, cada noche, pero no tuve valor para marcharme con él, y mi madre dejó de escupir en pañuelos sucios, y nunca volvió a mearse en las butacas del salón, la sopa ya no se le derramaba por las comisuras de los labios, los mocos ya no le colgaban de la nariz sin que se diera cuenta, me había arrebatado a Marcos, se había quedado tranquila, y recuperó de golpe el control y la cordura mientras yo empezaba a odiarla, pero el odio no era un motor suficiente para mover mis piernas, y Dios sabe que deseaba su muerte, pero ni siquiera ese deseo podía apartarme de su lado…

1 **licenciarse** terminar la carrera universitaria – 1 **Ciencias Exactas** Matemáticas – 3 **la serenidad** tranquilidad – 11 **agotar** terminar, acabar – 14 **un** *buen* **partido** up con dinero que puede casarse – 15 **amenazar** dar a entender con actos o palabras que se quiere hacer un mal a up – 18 **un desenlace** solución, final de una historia – 21 **escupir** spucken – 22 **un pañuelo** Taschentuch – 22 **mearse** orinarse – 23 **derramar** caer – 23 **una comisura** extremos de la boca – 24 **un moco** Rotz – 25 **arrebatar** quitar, robar – 29 **apartarse** quitarse, irse

Cuatro, cinco, seis timbrazos se acompasaron a la lentitud de mis pasos como la más torpe música de danza, pero no corrí, me había prometido que no volvería a correr, y escuché sin apresurarme el séptimo aviso, y el octavo, mientras recordaba cuántas cosas se habían congelado antes que mi voluntad, la fe y el futuro, la alegría, la edad, toda esperanza, el amor y hasta las matemáticas. Yo amaba las matemáticas, y como cualquier converso a una fe rara, árida, sospechosa incluso por el reducido número de sus adeptos, experimentaba un placer extraordinario al reclutar nuevos fieles para mi templo de lógica y cifras, por eso me gustaba tanto enseñar, y en mi pequeña vida de enfermera perpetua no existía una emoción comparable al asombro que brillaba en los ojos de un crío cuando una luz desconocida se derramaba en su mente y me anunciaba, gritando casi, que de pronto había entendido el mecanismo de las operaciones con decimales, esas comas que a principio de curso ninguno era capaz de colocar en su sitio. Me gustaba enseñar, y preparar las clases, encontrar la manera más fácil de explicar lo más difícil, inventar yo misma los ejercicios que propondría cada mañana, y nunca utilicé un libro de texto, nunca seguí los programas diseñados por el Ministerio, utilizaba mis propios métodos y procuraba no mandar a los niños con deberes a casa, pero mi clase era, invariablemente, la mejor preparada de todo el curso, a pesar de que cargaba con todos los repetidores, con todos los tarugos, con los peores estudiantes del colegio, y a todos les sacaba partido porque ninguno era capaz de agotar mi paciencia, y los niños me querían, me sonreían, me besaban, venían a verme tres y cuatro años después de haber pasado por mis manos, y a mí también me gustaba verles progresar, verles crecer, contemplarles el último día del último curso, corriendo

1 **acompasarse** ir al mismo ritmo – 5 **congelarse** enfriarse *aquí:* detenerse – 8 **un converso** up que cambia de religión – 8 **árido** seco – 9 **un adepto** seguidor – 10 **reclutar** reunir gente para un propósito determinado – 10 **un fiel** seguidor, creyente – 21 **diseñado** hecho, pensado – 25 **un repetidor** alumno que repite curso o asignatura – 26 **un tarugo** *coloq* tonto, corto – 27 **sacar partido a uc** usar, aprovechar

como locos, las notas en la mano, preguntándose por dentro cómo se las arreglarían con los profesores del instituto.

Las matemáticas eran muy importantes para mí, aunque al principio me dolía saber que en la otra punta de Madrid, en un recinto similar al mío, un aula con pupitres verdes y dibujos en las paredes, a través de cuya ventana se divisaría quizás un patio soleado, con una canasta de baloncesto como la que yo contemplaba, Marcos estaría dando clase a niños muy parecidos a los que me miraban sin reprimir algún bostezo, pero eso fue sólo al principio, cuando fantaseaba con la idea de que algún día viniera a buscarme, cuando planeaba minuciosamente el día y la hora en la que iría a buscarle yo, y escogía un color, un vestido, un peinado determinado, y ensayaba para mis adentros, hola Marcos, lo diría con una voz un poco ronca, voz de insomne, de mujer de mundo, nunca he podido desprenderme de ti, ¿sabes?, y él me miraría como si hiciera meses, años, que estaba esperando esas palabras, yo sostendría aquella mirada al repetir, casi al pie de la letra, lo que decía aquella rima que Eugenio había copiado de un almanaque cuando era niña, y hablaría con frases más torpes, más pobres, pero él comprendería, porque los matemáticos no hablamos en verso… Por supuesto, nunca fui a buscar a Marcos, Marcos nunca vino a buscarme a mí, la pasión escoge cuidadosamente a sus víctimas, y yo no la merecía. A los dieciséis años recibí una postal de Eugenio, desde Barcelona. Había encontrado trabajo en la Seat, y Piedad, que iba a tener un niño, me mandaba muchos besos, pero no firmaba porque todavía no había aprendido a escribir. Cuando recordaba aquella postal, la última noticia que tuve de ellos, me armaba de valor y me resquebrajaba de miedo al mismo tiempo, y

5 **un recinto** espacio *aquí:* aula, clase – 5 **un pupitre** mesa de un aula – 6 **divisarse** verse – 7 **una canasta** red con agujero para meter una pelota – 10 **un bostezo** apertura involuntaria de la boca *p ej* por sueño – 12 **minucioso** detallista, cuidadoso con los detalles – 14 **los adentros** *pl* interior, uno mismo – 15 **ronco** fuerte, grave – 15 **insomne** sin sueño, que no puede dormir – 18 **al pie de la letra** *loc* de memoria – 24 **merecer** ser digno o recompensado por uc – 26 **Seat** fábrica de coches – 29 **armarse de valor** dar el valor necesario para luchar contra uc – 30 **requesbrajarse** romperse

nunca me atrevería a dejar sola a mi madre, nunca fui en busca de Marcos, pero amaba las matemáticas, y hasta eso perdí.

Estaba a punto de cumplir treinta años cuando nos vinimos a vivir a Torrelodones porque mi madre decidió que el campo sería mucho más compasivo con su salud que esa horrenda ciudad que la estaba matando. Me resistí con todas mis fuerzas a aquel traslado, argumentando en vano, durante semanas enteras, que ni sus fuerzas habían menguado tanto como pretendía, ni el ruido o la contaminación podían afectarla, teniendo en cuenta que jamás salía de casa, un quinto piso en una de las calles más tranquilas del centro. También hablé de mí, de los problemas que me acarrearía marcharme al campo, conseguir una plaza en el colegio de algún pueblo cercano, vivir sola con una anciana enferma en una casa aislada, dentro de una urbanización que permanecía casi desierta durante la mayor parte del año, y estar obligada a coger el coche para todo, lo repetí una y mil veces, que abandonar la ciudad sería un desastre, pero nadie me escuchó, mi madre empezó a quejarse a todas horas, se pasaba la noche en vela, decía que la despertaba el ascensor, y dejó de comer, mis hermanos me preguntaban cómo podía ser tan cruel, repetían que yo no tenía ninguna necesidad de trabajar, me rogaban que dejara de inventarme falsas excusas, y entonces dejé de luchar, pero me marché de Madrid con lágrimas en los ojos, un llanto mixto de pena y de rabia, el último asomo de vida del que podría disponer en muchos años.

Cuando abrí la puerta de su habitación, ya no podía creer que ésa hubiera sido mi vida alguna vez, porque ya no quedaba en mí rastro alguno de la buena Berta. La miré con extrañeza, incorporada en la cama, apretando el timbre con una saña impropia de una anciana enferma, y casi podía escuchar el

2 **hasta** *aquí:* sogar – 5 **compasivo** bueno, benigno – 5 **horrendo** muy feo – 7 **un traslado** mudanza – 7 **en vano** *loc* inúltimente, sin éxito – 8 **menguar** hacerse más pequeño – 12 **acarrear** ocasionar o provocar algún daño – 14 **un anciano** viejo – 19 **en vela** *loc* sin dormir – 25 **un asomo de uc** indicio, señal de uc – 29 **un rastro** resto, huella – 29 **la extrañeza** → extraño – 30 **incorporado** sentado, levantado – 30 **la saña** enfado, crueldad

chirrido de sus dientes, pero avancé despacio, llegué a su lado, y esperé a que se hiciera el silencio. Entonces la saludé con voz clara, firme.

—Buenos días, doña Carmen.

Busqué inmediatamente sus ojos, y no encontré en ellos dolor, ni siquiera rechazo, apenas una sombra de desconcierto, una sorpresa sagazmente controlada, y por un instante deseé con todas mis fuerzas estar equivocada, pero esperé en vano una caricia, una protesta, una simple pregunta, e insistí sólo para asegurarme de que me escuchaba, ¿qué tal, doña Carmen, cómo se encuentra hoy?, y deseaba estar equivocada, haber multiplicado por un número demasiado grande, haber restado de más, pero no quiso corregirme, se limitó a mirarme de través, con un recelo que se transformaría muy deprisa en miedo auténtico, y entonces me estremecí al comprender que era ella quien estaba en mis manos, ella quien dependía de mí desde hacía tanto tiempo, aunque las dos lleváramos media vida fingiendo lo contrario, y me pregunté cuándo habría empezado a temer que se iniciaran los acontecimientos que ahora iban a precipitarse sin remedio, y ningún propósito me parecía más duro que aprender a vivir el resto de mi vida sabiendo que había sacrificado tantos años para nada, por eso deseaba estar equivocada, y necesitaba que me hablara, que me tocara, que me reconociera, que me confirmara que todas mis sospechas eran un disparate, que jamás había renunciado a ser mi madre, que jamás me había mirado con ojos distintos de los que dirigía al resto de sus hijos, que jamás había sido consciente de abandonarme en los brazos de otra mujer.

Hasta el último momento tuve esperanzas, porque al fin y al cabo habíamos vivido en la misma casa muchos años, nunca juntas, pero sí una al lado de la otra, y ella había sabido ser la madre de los otros, de Cristina, que la cubría de besos de arriba

6 **un rechazo** oposición, desprecio hacia uc o up – 7 **sagaz** inteligente, listo – 13 **restar** subtrahieren – 14 **un recelo** desconfianza, sospecha – 19 **un acontecimiento** suceso – 25 **un disparate** tontería – 32 **cubrir de besos a up** besar mucho

abajo una vez al mes, cuando venía a verla, de Cecilia, a la que había cedido el piso de Conde de Xiquena que tanto deseaba, el antojo tras el que yo siempre había vislumbrado la auténtica causa de nuestro traslado al campo, de Alfonso, el destinatario de las transferencias que yo cursaba religiosamente cada tres semanas, para que después de pagar las pensiones resultantes de sus dos divorcios consecutivos, consiguiera llegar con desahogo a fin de mes. Aquella mujer era la madre de todos ellos, que apenas se acordaban de llamar por teléfono los domingos, y yo la única que se comportaba como una buena hija, y sin embargo, y a pesar de todo, ella sólo sentía miedo, miedo a quedarse sola, miedo a ser traicionada, abandonada por su enfermera, por su doncella, por la hija tonta que había tenido la suerte de parir a destiempo, la hija extraña que se había atrevido a quererse a sí misma hija de una criada sin intuir siquiera que era exactamente así como siempre la habían visto los demás, la hija mansa que todavía se resistía a creer que su madre pudiera dirigirse a ella en un tono tan duro, tan seco, tan ajeno, para envolver su pánico en una última orden, precisamente ahora que sus órdenes habían perdido cualquier valor.

—Abre la ventana, Berta. Me estoy ahogando.

Seguí haciendo las cosas despacio para convencerme de que las hacía bien, aunque la prisa me roía por dentro. Entrevisté a más de una docena de enfermeras antes de contratar a la que me pareció más idónea para sustituirme, y nos alternamos durante un par de meses, mientras yo alquilaba un piso en Madrid, y transfería todos mis ahorros —los sueldos prácticamente íntegros de los cinco años que

3 **vislumbrar** *aquí:* saber – 4 **un destinatario** up que recibe uc – 5 **una transferencia** *bancaria* Überweisung – 5 **cursar** enviar uc a su destino – 5 **religioso** *aquí:* con regularidad, sin faltar nunca – 7 **con desahogo** sin problemas económicos – 13 **una doncella** criada – 14 **parir** dar a luz, tener un hijo – 14 **a destiempo** *loc aquí:* demasiado tarde – 19 **envolver** *fig* tapar, cubrir – 24 **roer** apenar, gastar poco a poco – 26 **idóneo** adecuado – 28 **transferir** pasar de un lugar a otro – 28 **los ahorros** *pl* dinero que se ha guardado – 29 **íntegro** completo

había resistido trabajando en un colegio privado de Las Rozas, antes de abandonar del todo— a una nueva cuenta, en una sucursal de la ciudad. Arreglé todos los papeles necesarios para pedir el final de mi excedencia y optar a mi antigua plaza, y empecé a estudiar por las noches porque me di cuenta de que había perdido forma. Deseché docenas de borradores antes de redactar el texto definitivo de la carta que envié a mis hermanos, tres copias idénticas, mecanografiadas a dos espacios, mi nombre y dos apellidos en letras de molde bajo la firma, estimado señor/a, motivos familiares —de tal complejidad, que su descripción rebasaría con mucho el reducido formato de un escrito de esta naturaleza— me impiden seguir haciéndome cargo de su señora madre por más tiempo...

Tiré a la basura mi colección de olores prisioneros en tarros de cristal antes de hacer el equipaje con mucho cuidado, pero cuando el coche ya estaba cargado, y el motor en marcha, me asaltó la tentación de recorrer la casa por última vez, y registré los armarios, la mesilla, los cajones, las estanterías donde ya no vivía ninguno de mis libros, y hasta me tiré al suelo y miré debajo de la cama, para asegurarme de que, al cerrar la puerta, no dejaría allí ninguna cosa que me hubiera pertenecido antes. Nada.

1 **Las Rozas** municipio más grande de Madrid, frontera con Torrelodones – 3 **una sucursal** filial – 4 **una excedencia** *Esp* ausencia larga y justificada en el puesto de trabajo – 6 **desechar** rechazar, desdeñar – 6 **un borrador** escrito provisional – 8 **mecanografiado** escrito a máquina

Marvel Moreno

Una taza de té en Augsburg

A la memoria de Darío Morales

Miranda Castro fue en su tiempo una de las modelos más cotizadas de los Estados Unidos. Pese a su apellido latino, tenía el aspecto de una muchacha nórdica con sus cabellos rubios que resplandecían como el trigo en la luz del verano y unos ojos más azules que el mar de las islas del Caribe. Su fotografía apareció varias veces ilustrando la portada de *Vogue*. Cuando entraba en un restaurante la gente enmudecía de inmediato, siguiéndola con una mirada de deslumbrado asombro. Su presencia en Park Avenue creaba problemas de circulación porque los automovilistas, encandilados por su belleza y la tranquila insolencia de su paso, disminuían la velocidad. Sin embargo, observándola de cerca, se percibía en sus pupilas un destello metálico que asustaba a los hombres. No había en ellas el más leve rastro de afecto, pero sí de desdén.

Miranda no amaba a nadie. Se había casado por despecho con un millonario norteamericano aficionado a las obras de arte, quien, a su turno, la consideraba como un objeto de colección.

Sólo dos hombres habían contado en su vida: Lucio Castro, su padre adoptivo, y Peter, un profesor de matemáticas de la Universidad de Massachusetts que había visto en ella algo distinto de la maniquí de moda. Ambos le habían brindado un afecto profundo, ayudándola a olvidar el pasado. Ambos le habían dado la cálida sensación de tener un apoyo cuando

5 **cotizado** estimado, bien pagado – 7 **el trigo** Weizen – 9 **Vogue** revista de moda – 10 **enmudecer** dejar de hablar – 11 **deslumbrado** asombrado, maravillado – 12 **Park Avenue** gran avenida de Nueva York que va de norte a sur de Manhattan – 13 **encandilado** fascinado, encantado – 14 **la insolencia** descaro, desvergüenza – 16 **un destello** brillo – 17 **leve** suave, pequeño – 17 **el desdén** menosprecio, indiferencia – 20 **a su turno** *aquí:* a su vez, igualmente – 25 **una maniquí** modelo – 25 **brindar** dar, ofrecer

la tristeza le oprimía el corazón. Miranda no estaba segura de haberlos querido, pero su recuerdo se volvía más intenso a medida que pasaban los años y en torno a sus párpados aparecían los primeros hilos de la vejez. La muerte de su padre era previsible; el abandono de Peter, en cambio, se le antojaba, aun entonces, un enigma. A veces le parecía que el amor de Peter se había enfriado cuando ella le contó su viaje a Alemania, pero no llegaba a comprender las razones de su rechazo, silencioso y definitivamente irremediable.

Diez años contaba Miranda al llegar de Augsburg a Caracas, por el antojo de Lucio Castro, quien, ya entrado en años y no habiendo tenido nunca hijos de su mujer ni de sus numerosas queridas, resolvió un buen día adoptar a una niña, con la condición de que fuera rubia y de ojos azules. Lucio Castro era un hombre riquísimo, acostumbrado a imponer su voluntad. Las ramificaciones de sus negocios se extendían a muchos países y le fue fácil encontrar en Alemania a un abogado influyente y capaz de satisfacer su capricho.

La pequeña Greta se transformó así en Miranda y pasó del sórdido orfelinato donde vivía desde su nacimiento al camarote de lujo del trasatlántico que la condujo a Venezuela. Creía vivir un sueño, un cuento de hadas. Tenía vestidos muy finos, zapatos de charol, montones de juguetes. Los camareros se inclinaban a su paso y el capitán la invitaba a cenar a su mesa. Asimismo, la institutriz enviada por Lucio Castro para servirle de dama de compañía y empezar a enseñarle el español la trataba como si fuera una princesa. Todo deslumbraba a Miranda: el mar, los delfines, el color del cielo a medida que el barco se adentraba en las aguas tropicales. Porque se sentía torpe, intentaba imitar los gestos y modales de las personas

1 **oprimir** presionar – 3 **en torno** alrededor – 4 **un hilo** *aquí: arruga* (Falte) – 5 **previsible** imaginable (→ prever) – 6 **un enigma** uc incomprensible – 9 **irremediable** inevitable – 10 **contar** *aquí:* tener – 13 **resolver** *aquí:* decidir – 16 **una ramificación** diversificación – 16 **extenderse** ampliarse, distribuirse – 18 **influyente** poderoso, con contactos – 20 **sórdido** miserable, sucio, pobre – 20 **un orfelinato** casa de niños sin familia – 21 **un camarote** cabina de un barco – 23 **el charol** Lack – 25 **asimismo** igualmente – 25 **una institutriz** profesora privada – 27 **deslumbrar** fascinar, maravillar

que la rodeaban. Hacía esfuerzos enormes para contener su voracidad: ella, que siempre había pasado hambre, veía desfilar aquellos platos abundantes y deliciosos con la impresión de que, de un momento a otro, podían ser remplazados por la insípida sopa del orfelinato.

Una noche guardó cautelosamente en su bolsillo uno de los bombones colocados sobre la mesa después del postre. Al día siguiente el capitán le hizo llegar a su camarote una inmensa caja de chocolates. Fue entonces cuando Miranda tuvo la certeza de haber dejado atrás y para siempre el pasado, entrando en un mundo donde sus deseos se volvían realidad apenas los formulaba.

La agradable impresión de ser importante se confirmó al llegar a Maracaibo y conocer a su padre adoptivo. Lucio Castro se prendó de ella, quedó fascinado por la hermosa niñita de cabellos rubios que lo miraba con devoción pero sin arrogancia. Desde su salida del orfelinato, Miranda había descubierto que poseía algo raro y de valor: la belleza. Eso le daba ahora una gran confianza en sí misma y la hacía mirar el mundo de modo diferente. Aunque no podía expresarlo con palabras, su orfandad empezaba a parecerle un error en el orden natural de las cosas, que Lucio Castro había reparado al adoptarla. Nunca más la promiscuidad de los dormitorios, los largos inviernos sin calefacción. Jamás volvería a vivir la pesadilla de los bombardeos con el chillido de las sirenas y el asfixiante olor a humo y a cosas quemadas que entraba en el sótano. Debía, no obstante, responder a las aspiraciones de su padre adoptivo, que la quería inteligente y con carácter. Ella, considerada por sus profesoras del orfelinato como retrasada mental, aprendió a leer y a escribir el español en menos de seis meses. Cada lección comprendida le quitaba un peso

2 **la voracidad** ganas de comer incontrolables – 2 **desfilar** pasar por delante en fila – 4 **reemplazado** sustituido – 5 **insípido** sin sabor – 6 **cauteloso** con cuidado – 7 **un bombón** chocolate – 14 **Maracaibo** ciudad del noroeste de Venezuela – 23 **la promiscuidad** *aquí:* convivencia con personas de distinto sexo – 26 **asfixiante** que no deja respirar – 27 **una aspiración** deseo – 29 **un retrasado mental** *aquí:* up poco inteligente – 31 **quitarse un peso** liberarse

del corazón. Del mismo modo, venciendo su terror por los caballos, que le hacía ensuciarse los pantalones, se convirtió en una amazona irreprochable y acompañaba a Lucio Castro en sus cabalgatas cuando se le antojaba recorrer sus haciendas. El miedo nunca la abandonó, pero nadie lo supo. Antes de montar a caballo solía protegerse los pantalones con un pañuelo que después lavaba a escondidas.

En Alemania había conocido la desolación, en Venezuela descubrió la angustia. Todo le resultaba un desafío. Tirarse del trampolín a la piscina le daba una sensación de vértigo, y cuando se zambullía en el mar los oídos le zumbaban de dolor. Arañas y lagartijas le producían náuseas. Temía perderse entre la gente si acompañaba a su madre a hacer compras y temía más aún quedarse a solas con esa mujer que la miraba sin el menor asomo de confianza. Por fortuna Lucio Castro la protegía. Él ignoraba quizás sus dificultades para adaptarse a esa nueva existencia, pero tenía muy presente que había pasado su infancia en un orfelinato. Así, había decidido que Miranda no pisaría jamás un colegio. El desfile de profesores comenzaba por la mañana y terminaba a la caída del sol. Además de las materias corrientes, Miranda estudiaba griego y latín; a los trece años se sabía de memoria la vida de Bolívar y a los quince hablaba correctamente el inglés. Sabiendo que a su muerte sus hermanos abrirían un proceso contra ella, Lucio Castro colocó a su nombre la mayor parte de sus bienes en los Estados Unidos. Por la misma razón empezó a presentarle a sus abogados, a ponerla al corriente de sus negocios, a mantenerla al tanto de transacciones especulativas. Miranda descubrió que tenía un talento particular para ganar dinero y, cuando Lucio Castro falleció, conocía a fondo la trama de sus

1 **vencer** superar – 4 **una cabalgata** paseo a caballo – 7 **a escondidas** *loc* sin ser visto – 8 **la desolación** tristeza absoluta, destrucción – 10 **el vértigo** miedo a la altura – 11 **zumbar** hacer sonido continuo *p ej* un insecto – 12 **una lagartija** Eidechse – 12 **una náusea** malestar, ganas de vomitar – 16 **adaptarse** acomodarse, aclimatizarse – 22 *Simón* **Bolivar** (1783-1830) político venezolano, figura fundamental en la independencia de Venezuela, Bolivia… de España – 27 **poner a up al corriente de uc** *loc* informar – 28 **una transacción** compra y venta de uc – 30 **fallecer** morir – 30 **a fondo** *loc* profundamente – 30 **una trama** intriga, disposición, organización

asuntos y supo librarles un combate sin cuartel a los parientes de su padre que intentaban anular el testamento.

Una vez ganada la batalla jurídica, Miranda se fue a Nueva York y se inscribió en una agencia de modelos. Había cumplido veinte años y tenía conciencia de ser lesbiana. Siempre había ocultado esa particularidad para no chocar a su padre ni darles motivos de crítica a quienes reprochaban a Lucio Castro el haberla adoptado. Volverse maniquí acariciaba su narcisismo y le ofrecía un terreno de caza ideal. Le gustaban las mujeres, pero no podía establecer con ellas ninguna relación afectiva. El contenido de la palabra *amor* le era desconocido y bastaba con que una de sus amantes se mostrara posesiva para que la dejase en el acto. Las manifestaciones de ternura se le antojaban ridículas. A Miranda la excitaba seducir, allanar las resistencias, vencer el pudor. Dejaba de lado a las mujeres demasiado fáciles o a las que tenían un carácter similar al suyo. Al cabo del tiempo encontró a Joan, una periodista infinitamente maliciosa que gozaba excitando a las lesbianas y luego, a la hora de la verdad, se escurría como una anguila con el pretexto de un nuevo amor o de su pasión por un hombre. Miranda conocía la dureza y la mentira, pero no la perversión. Cayó en la telaraña de Joan sin ninguna defensa y salió de ella con el alma maltratada y la penosa impresión de conocer muy poco los misterios del corazón humano. Como el modelaje empezaba a aburrirla, decidió irse de Nueva York y estudiar psicología en la Universidad de Massachusetts.

Nada le fue más fácil que cobijarse bajo la protección de Peter. Como Lucio Castro, él se mostraba afectuoso y parecía saber muy bien lo que quería. Era un hombre fino y delgado, de cabellos prematuramente encanecidos. La primera vez que se acostaron juntos quedó sorprendido al ver que para

1 **un combate** guerra, lucha – 1 **el cuartel** tregua, pausa, descanso – 5 **tener conciencia de uc** saber uc ciertamente – 9 **la caza** Jagd – 14 **allanar** hacer más fácil uc – 15 **el pudor** recato, sentimiento de vergüenza – 18 **gozar** disfrutar – 19 **una anguila** pez largo y comestible (Aal) – 20 **un pretexto** excusa – 22 **una telaraña** Spinnennetz – 23 **maltratado** dolido, dañado – 24 **el modelaje** desfiles de modelos – 30 **prematuro** antes de tiempo – 30 **encanecido** gris (→ cana)

poder dormirse, Miranda golpeaba un pie contra el otro. Así le habían enseñado a hacer en el orfelinato cuando era apenas un bebé a fin de luchar contra el frío. Eso, su condición de huérfana, de niña adoptada por el color de sus ojos, conmovía profundamente a Peter. Él había tenido una infancia feliz: un padre diplomático, lo que le había permitido conocer las grandes capitales del mundo, una madre cariñosa, y cuatro hermanos que habían sido siempre sus mejores amigos. Todos los domingos se reunían y pasaban las tardes hablando de arte, de historia y de los acontecimientos políticos del momento.

Al lado de ellos, Miranda se sentía ignorante. De nada le servía haber aprendido el griego y el latín si no podía distinguir entre una estatua sumeria y una escultura romana. Nombres como Goya y Tiziano le eran desconocidos. Ignoraba todo sobre las dos últimas guerras mundiales y no tenía ninguna cultura musical. Decidida a afrontar ese nuevo desafío, Miranda empezó a frecuentar la biblioteca de la universidad y, al mismo tiempo, se compró todos los discos de música clásica que encontró en un almacén. Leyendo la historia del nazismo descubrió con asombro que no era una huérfana de guerra, como Lucio Castro le había hecho creer, pues había nacido a comienzos del 38, lo que significaba que su madre la había concebido antes del comienzo de las hostilidades. A partir de ese momento, Miranda quiso saber quién había sido su madre. Poco a poco su deseo se transformó en obsesión y, desoyendo los consejos de Peter, que la incitaba a olvidarse del pasado, se fue a Alemania y se puso en contacto con el abogado que catorce años atrás la había sacado del orfelinato. Al principio el abogado se mostró reticente, pero los dólares ofrecidos por Miranda terminaron acallando sus escrúpulos. Lo más difícil era introducirse en el orfelinato y consultar los

4 **un huérfano** up sin padres – 13 **sumerio** de Mesopotamia, cerca del Golfo Pérsico – 14 *Francisco de* **Goya** (1746-1828) pintor español cuya obra es el inicio de la pintura contemporánea – 14 **Tiziano** *Vecilli* (1490-1576) pintor italiano renacentista – 19 **un almacén** *aquí:* tienda – 23 **la hostilidad** *aquí:* agresión armada, guerra – 26 **incitar** animar, recomendar – 29 **reticente** desconfiado, reservado – 30 **acallar** silenciar

archivos. Contrató detectives privados que recibieron por misión comprar a cuanta persona pudiera dar informaciones precisas. Finalmente, una vieja enfermera se dejó convencer ante la enorme suma de dinero prometida, que representaba la mitad del salario ganado a lo largo de toda su existencia, y con el pretexto de reunir a una hija y a su desdichada madre puso a los detectives sobre la pista de Frieda Pfeiffer.

Frieda salía apenas de la adolescencia cuando tuvo a Miranda y ni siquiera pudo verla porque sus padres llevaron de inmediato a la recién nacida al orfelinato de Augsburg. El señor Pfeiffer era un comerciante acaudalado que nada quería saber de bastardos destinados a poner en duda la virtud de su única heredera. Una antigua sirvienta de la familia, refugiada en un asilo de ancianos, contó que la señorita Frieda jamás se había repuesto de la pérdida de su hija. Lloraba contemplando sus senos cargados de leche y los pequeños baberos cosidos a escondidas durante el embarazo. Hasta el último momento creyó que su familia se echaría para atrás y abandonaría el proyecto de separarla de su bebé. Nunca reveló quién había sido el padre, posiblemente un extranjero conocido en Garmisch durante las vacaciones de Pascua.

En vano el señor Pfeiffer se empeñó tanto en resguardar la reputación de su hija. Frieda no quiso casarse nunca. Se volvió taciturna y sólo salía de la casa para asistir a los servicios religiosos. Con el tiempo se fue secando como una flor marchita, y cuando sus padres desaparecieron era una solterona de humor lánguido que no le encontraba ningún gusto a la vida. Había programado sus días con precisión maniática: en invierno o verano se levantaba a las once de la mañana y todavía en la cama se hacía servir un vaso de leche acompañado de galletas. Bañarse y vestirse le tomaba dos

5 **un salario** sueldo – 6 **desdichado** apenado, triste – 7 **poner sobre la pista** dar información para encontrar uc – 11 **acaudalado** con dinero – 13 **un heredero** up que recibe los bienes de up al morir – 13 **una sirvienta** doncella, criada – 15 **reponerse** recuperarse, superar – 16 **un seno** pecho – 16 **un babero** tela para bebés para que no se ensucien al comer – 16 **cosido** genäht – 18 **echarse para atrás** *loc* arrepentirse – 22 **resguardar** proteger – 24 **taciturno** triste, melancólico – 26 **marchito** ≠ fresco – 27 **lánguido** cansado, débil

horas y luego se sentaba a mirar la televisión. Al atardecer se iba a un salón de té que quedaba cerca de su casa y bebía varias tazas observando a los paseantes a través de sus gruesas gafas de miope. Estaba abonada a una revista de historia y leía hasta muy tarde memorias y biografías.

Miranda resolvió abordarla en el salón de té. Sabía que Frieda ocupaba siempre el mismo lugar y se instaló en la mesa contigua a la suya. La vio llegar un poco encorvada y canosa, con una expresión de irremediable melancolía. Miranda esperó a que terminara de tomarse su primera taza de té para pedirle permiso de sentarse a su mesa. Los ojos de Frieda parpadearon de asombro detrás de las gafas. Con manos torpes encendió un cigarrillo. Parecía trastornada. Los labios le temblaban ligeramente y en vano intentaba sonreír. Daba la impresión de ser un niño que ha visto un pájaro posarse sobre su hombro. Y cautelosamente, como si temiera espantar al pájaro, lanzaba de vez en cuando una mirada furtiva.

—Hace muchos años —dijo al fin en voz muy baja—, conocí a, bueno, alguien que se parecía a usted.

No obtuvo respuesta. Miranda había comprendido que se refería a su verdadero padre y se sintió aliviada. No se reconocía en esa mujer abrumada por la vida.

—Es su vivo retrato —insistió Frieda con precaución, como asustada de que el pájaro echase de pronto a volar.

—Yo soy idéntica a mi madre —dijo Miranda-, y ella no ha venido nunca a Alemania.

—Pero usted habla perfectamente nuestra lengua —comentó Frieda.

—Mi abuelo era de Berlín y muy joven se fue a Venezuela. Sus hijos aprendieron el alemán con profesores y nosotros, sus nietos, también.

3 **grueso** gordo – 4 **un miope** up que ve mal de lejos – 8 **encorvado** doblado – 8 **canoso** con pelo blanco – 11 **parpadear** abrir y cerrar los ojos rápidamente – 13 **trastornado** impresionado, confuso – 16 **espantar** hacer huir, asustar – 22 **abrumado** agobiado, desbordado – 23 **ser el vivo retrato de up** ser igual físicamente que up – 23 **la precaución** cuidado

De implorante, la mirada de Frieda se volvió abatida. El mesero se acercó para servirle una nueva taza de té. Frieda apagó el cigarrillo en un cenicero y se encorvó más aún, como si la vejez le hubiera caído encima de repente.

—Eso de los parecidos es muy raro —murmuró.

—Así es —dijo Miranda.

En ningún momento le vino la idea de revelarle a su madre la verdad, de darle la alegría de saberla viva y gozando de una situación privilegiada. Para Frieda habría sido maravilloso descubrir que su hija había escapado al trágico destino de los niños abandonados y que era inteligente, bella y rica. Cuántas veces habría soñado con reconocerla en la calle, entre las muchachas que pasaban frente al salón de té. Frieda había imaginado probablemente varios escenarios: su hija convertida en prostituta, trabajando como mesera; y ella le daba el dinero necesario para construirse una vida mejor. O al contrario, bien acomodada, llevando una existencia feliz; y ella, Frieda, se retiraba en puntas de pie a fin de no perturbarla. Habría supuesto todo, salvo creer encontrarla en el salón de té que solía frecuentar, hierática y dura, pidiéndole permiso de sentarse a su mesa con el pretexto de practicar el alemán. Pero la muchacha instalada frente a ella, que tanto le recordaba a su único amor, tenía una familia y había nacido en otras tierras. El parecido era simple coincidencia y una lápida caía de pronto sobre sus esperanzas.

Miranda adivinaba los pensamientos de su madre, pero le importaban muy poco. Solamente se preguntaba si Frieda representaba un peligro para ella. Después de observarla un rato se dijo que no; dada la timidez de su carácter, Frieda nunca intentaría imponerle su presencia. De conocer su identidad, habría murmurado una frase afectuosa, habría derramado tal vez algunas lágrimas. Y eso sería todo. Quizás le

1 **implorante** que ruega o pide uc con insistencia – 1 **abatido** triste, sin fuerza – 2 **un mesero** camarero – 5 **un parecido** similitud física – 18 **en puntas de pie** sin ser oído – 18 **perturbar** molestar – 20 **hierático** que no muestra sentimientos – 24 **una coincidencia** casualidad – 24 **una lápida** piedra pesada

habría pedido que le contara un poco su vida o que le enviara cada año una tarjeta de Navidad para tener noticias suyas y saber si estaba bien. Con esas migajas Miranda podía aligerar el corazón de Frieda y permitirle envejecer en paz. Pero no lo hizo; en realidad no veía razones para hacerlo, le dijo a Peter cuando regresó a Massachusetts y Peter quiso saber si le había contado a Frieda que ella era su hija.

La pregunta de Peter y su aire consternado dejaron a Miranda perpleja. No entendía su reacción ante un relato tan banal. Había viajado a Alemania para conocer a su madre, la había visto y sopesado. No había más vueltas que darle. Peter, sin embargo, la miraba con una expresión de inexorable tristeza, como si ella no perteneciera ya a este mundo. Se volvió cada vez más evasivo y distante. No respondía a sus llamadas telefónicas y nunca más la invitó a pasar los domingos con su familia. Finalmente, Miranda se vio obligada a reconocer que Peter había dejado de amarla. Pero ni entonces ni después, a medida que los años iban acartonando la fina piel de su rostro, comprendió por qué Peter, así como otros hombres y algunas mujeres que la amaron, se ponían tan extraños, tan ariscos cuando ella les contaba aquel encuentro con su madre en un salón de té de Augsburg.

3 **una migaja** resto muy pequeño de uc – 3 **aligerar** liberar de un peso – 8 **consternado** apenado – 11 **sopesar** examinar las ventajas y desventajas de uc – 12 **inexorable** inevitable – 14 **evasivo** esquivo (ausweichend) – 14 **distante** lejano – 18 **acartonar** perder la frescura (por la edad)

Jesús López Pacheco

Desde los hombros de mi padre

Haec fatus, latos umeros subiectaque colla…
Virgilio, Eneida, 11, 720 …

…en algunas ocasiones…
Popular asturiano

I

Desde los hombros de mi padre veía subir y bajar las cabezas, algunas con gorros, con boinas o pañolones. Yo iba flotando sobre ellas como unas ramas que vi bajar por el Nalón un día de riada. Delante y detrás de mí, otros rapacines sobresalían también de las cabezas a hombros de sus padres, pero yo pensaba que ninguno iba tan alto como yo. Era por la perspectiva, no porque mi padre fuera el más alto, aunque a fuerte no creo que le ganaran muchos, que picadores como él, todo el mundo lo ha dicho siempre, ha habido pocos. Por eso, puedes imaginar lo que aquella noticia significó para mí: fue tremendo.

3 ***Haec fatus, latos umeros subiectaque colla*** *latín* habiendo dicho esto, me cubro (por encima) mis anchos hombros y mi cuello inclinado… – 4 *Publio* **Virgilio** (70 a.c–19 a.c) poeta romano autor de la Eneida – 4 **Eneida** epopeya latina escrita a petición del emperador Augusto para glorificar su imperio – 5 **en algunas ocasiones** fragmento del himno de Asturias (región del norte de España) modificado. Himno original: Asturias, Patria querida, Asturias de mis amores; ¡quién estuviera en Asturias en todas las ocasiones! – 6 **asturiano** de Asturias – 9 **un gorro** pieza de tela o lana para tapar la cabeza – 9 **una boina** gorro típico de algunos lugares rurales (Baskenmütze) – 9 **un pañolón** *pañuelo* (Tuch) grande para tapar la cabeza – 10 **flotar** schweben – 10 **una rama** Zweig – 11 **el** ***río*** **Nalón** río asturiano cuya *cuenca* (Flussgebiet) es rica en carbón – 11 **una riada** cantidad grande de agua que lleva un río – 11 **un rapacín** *dim* **rapaz** niño – 12 **sobresalir** dejarse ver, verse por encima de uc – 15 **un picador** *minero* (Bergarbeiter) que saca *carbón* (Kohle) de la pared de la mina – 18 **tremendo** muy duro

Sí. Las romerías eran como riadas de gente, pero riadas que iban monte arriba, hasta desembocar en el prado, cerca de la ermita. Y allí, de pronto, todo olía a empanada, a sidra, las familias formaban corros sentadas en torno a los manteles que ponían sobre la hierba, y un hombre que se había traído un *campanu* se levantaba, la botella en la mano derecha...

Es un vaso grande, de culo ancho, especial para tirar la sidra.

Se ponía como un bailarín, la botella en la mano derecha, alzada sobre la cabeza, y empezaba a inclinarla lentamente hasta que el chorro de sidra caía a su espalda en el *campanu*, que sostenía con la izquierda lo más bajo posible, inclinada para...

Casi sin mirar, claro. Pero ¿no lo has visto nunca?

A veces, camino de la ermita, cuando pasábamos entre árboles, mi padre se inclinaba hacia delante para evitar una rama, y yo hundía mi cabeza junto a la suya, conteniendo la respiración; al erguirse de nuevo, sus manazas estiraban de mis brazos, alzándomelos, y esto me hacía echar el aire con un resoplido. Mis talones golpeaban levemente contra su pecho, y continuábamos la marcha.

Cuando alguien iniciaba una canción, si no era él, como solía ocurrir, mi padre siempre era de los primeros en seguirle. Menudo vozarrón tenía; más que oírle me entraba por las piernas y el vientre, por el pito, y sus vibraciones me subían con el calor por dentro del cuerpo hasta los oídos, hasta el cerebro.

1 **una romería** fiesta de pueblo – 2 **el monte** tierra elevada sin cultivos con *matorrales* (Gebüsch) y árboles – 2 **desembocar** ir a dar – 2 **un prado** campo – 3 **una ermita** capilla alejada – 3 **una empanada** pastel de pan relleno *p ej* de carne – 4 **un corro** círculo – 4 **en torno** alrededor – 4 **un mantel** tela para tapar y proteger una mesa – 6 **El campanu** primer salmón pescado en la temporada en un río asturiano – 7 **un culo** *aquí:* base del vaso – 7 **tirar *sidra*** llenar un vaso de sidra con la botella desde lo alto – 8 **un bailarín** up que baila profesionalmente – 9 **inclinar** ladear, mover hacia un lado – 10 **un chorro** líquido que sale con fuerza – 16 **hundir** *aquí:* bajar – 17 **erguirse** ponerse recto, levantarse – 17 **una manaza** *aum* mano grande – 17 **estirar** strecken – 18 **echar** sacar fuera – 19 **un resoplido** sonido al salir fuertemente el aire por la boca o nariz – 19 **un talón** parte de atrás del pie – 19 **leve** suave – 23 **un vozarrón** *aum* voz – 24 **un vientre** barriga – 24 **un pito** pene

No hace falta ser adivino. Yo me tengo reído muchas veces del «Asturias, patria querida» y de eso de «en algunas ocasiones», pero ahora, después de los años que llevo en Bélgica…

En Bélgica, sí. Antes estuve menos de un año en París, y pasé más hambre que…

No, soy minero. En Bélgica, claro. En París hice de todo, pero debajo de tierra sólo me metía cuando iba en *le metro,* que a veces me perdía y tenía que volver a salir en una estación principal para apretar los botoncitos y ver las luces de los trayectos que tenía que hacer…

No me extraña. A mí también. Sobre todo, las primeras semanas. Bueno, pues, como te decía, que nada, que ahora puedo decir y no me da vergüenza, que en el fondo me reía de pura boquilla. Quizá es también por eso por lo que me siento tan alegre desde que subí a este autocar, que no es sólo porque esté volviendo a Asturias, a España… Las vibraciones del motor yo creo que me hicieron recordar enseguida las del vozarrón de mi padre cuando me llevaba a hombros y cantaba «patriaaa queridaaá…».

Nacionalismo o patrioterismo, lo que tú quieras. Y hasta machismo. Sí, los asturianos somos machistas, pero es un machismo especial, no es contra las mujeres, que menudas son también las mujeres asturianas de machas, si me entiendes. Es un machismo frente a la naturaleza, frente a la vida o la sociedad… Lo que te digo es que un rapaz asturiano que ha sido llevado tantas veces sobre los hombros, y por un padre como el mío, y que es una cosa muy típica de Asturias…

Es verdad, sí: cuando la gente va a la Casa de Campo. Yo lo he visto también. Porque yo en Madrid estuve casi dos años estudiando, con una beca y con la ayuda de mis padres… Bueno, lo que te iba diciendo, que uno, entonces, siente la vida de una forma especial.

1 **tenerse reído** haberse reído – 7 **le** *fr* el – 10 **un trayecto** camino (Strecke) – 14 **de boquilla** *loc* para fuera, disimulando – 15 **un autocar** *Esp* bus para viajes largos – 20 **el patrioterismo** exceso de patriotismo – 23 **una macha** macho *aquí:* mujer fuerte, valiente – 28 **La Casa de Campo** parque más grande de Madrid

No sé, es difícil de explicar. Y no creas que es regionalismo, que también lo será, claro. Pero yo, en Bélgica, he oído cantar lo de «Asturias, patria querida » a castellanos, vascos, aragoneses..., hasta andaluces y catalanes..., hasta gallegos, que ya es decir. Y al llegar a eso de «en algunas ocasiones», estoy seguro, y algunos me lo han dicho, que no es porque yo sea asturiano, que pensaban en las muchas ocasiones en que en Asturias han ocurrido cosas importantes para toda España. Y menudas ocasiones, hay que reconocerlo. Conste que no me estoy refiriendo a lo de Pelayo, como puedes comprender.

Pues te diré. A mí, la zarzuela, me deja frío, y eso de «De España vengo, soy española», por ejemplo, «y mi cara serrana lo va diciendo», vale sólo para ciertas mozas guapetonas, y de la Sierra, pero ¿de qué Sierra?, no te olvides, o sea, por ejemplo, para esas criadas españolas de París. El flamenco ya es, otra cosa, pero con ser una maravilla, que lo es, es tan hondo, tan original, que no vale para toda España. La asturianada, lo asturiano, sin dejar de serlo, y siendo a veces también profundo, tiene algo que... no sé.

Para votar, claro. Va a ser la primera vez que lo hago en mi vida. Como la mayoría de los españoles, claro. A lo mejor, la decisión de coger este autocar la tomé porque me resonó por dentro eso de «¡Quién estuviera en Asturias...!». No quería perderme esta ocasión después de haber tenido que perder tantas. Me valía la pena el caudal que cuesta. Se me ocurrió en cuanto vi lo difícil y lo poco seguro que era votar por correo. Tengo que ir a Asturias, me dije, o sea, a España, para el caso es lo mismo. Además, quiero volver a ver a mi familia, sobre todo a mi padre.

5 **que ya es decir** und das will was heißen – 9 **constar** quedar uc clara – 10 **Pelayo** rey de Asturias que protegió Asturias de los árabes – 11 **la zarzuela** género de teatro hablado y cantado – 11 **dejar uc fría** no producir ninguna emoción – 11 **«De España vengo, soy española, y mi cara serrana lo va diciendo»** canción perteneciente a la zarzuela «El niño judío» – 12 **serrano** de la *sierra* (montaña) – 13 **cierto + SUST** indica uc inconcreta, indeterminada – 13 **un mozo** chico joven – 17 **una asturianada** canción asturiana – 22 **resonar** vibrar, sonar mucho – 25 **valer la pena** *loc* sich lohnen – 25 **un caudal** dinero

Bueno, es largo de contar. Verás. Ahora ya se pueden decir estas cosas. Me metieron en la cárcel...

Sí, claro, por política. Por una de esas manifestaciones que hubo en Madrid. Estuvieron a punto de liarme, porque descubrieron de quién era hijo, y no te digo.

Sí, él había estado en la cárcel dos veces, no, tres veces y la última hasta le llevaron a Madrid y todo. Y no sólo por parte de padre, que a mi madre también le cortaron el pelo una vez por formar piquetes. Por más señas, en el número de la calle Dorado, donde los famosos interrogatorios, menudos interrogatorios, ya me entiendes, que se oían desde fuera, y yo creo que lo hacían aposta, para que aprendiéramos. Allí fue también donde interrogaron a mi padre aquella vez, la que te conté antes, estando yo ya en Bélgica. Ah, y lo de mi madre fue también sonado, porque anduvo casi un año con un pañolón rojo en la cabeza que se hizo famoso, «María la Pañolona» la llamaban. «No se te ve el pelo», le decían en broma, para provocarla. Y ella: «Pero se me ve la bandera...». Luego, cuando salí de la cárcel, como no aguantaba ya más, y también porque me habían quitado la beca y me habían expulsado de la universidad, pues me largué a Francia, que maldita la hora, y después a Bélgica, donde acabé como había empezado en Asturias y como mis padres me habían dicho que no debía acabar: de minero. Ahora no sé lo que haré, quizá vuelva a estudiar, pero no me importa demasiado. Se verá. Yo, chico, es que cuando crucé la frontera y me di cuenta de que ya se podía empezar a hablar, a respirar...

Ya lo sé. Lo leí en Bélgica. Ha sido horrible. Pero esas cosas no van a volver a pasar. Depende de nosotros.

4 **a punto** casi – 4 **liar a up** *Esp coloq* engañar a up, causar a up problemas – 9 **un piquete** grupo de personas que protestan – 9 **por más señas** para más información – 10 **un interrogatorio** conjunto de preguntas para sacar información – 12 **aposta** *Esp* intencionadamente – 13 **interrogar** preguntar mucho – 15 **sonado** comentado, hablado – 15 **andar** *aquí:* estar – 17 **no se te ve el pelo** *irón* no ver a up durante mucho tiempo – 18 **una bandera** Fahne (roja, por sus ideas de izquierda) – 20 **expulsar** echar, no dejar continuar hacer uc *aquí:* estudiar

Y de ellos, claro. Pero más de nosotros. Por eso creo que es importante votar, sabiendo cómo y por qué se vota.

A pesar de todo.

No, yo vengo a votar, pero no como un pretexto.

Sí y no. Pero lo importante… ¿Cómo te lo diría? Mi padre no me llevaba sobre los hombros sólo a las romerías. Recuerdo una vez, debió ser el 62 , que hubo una manifestación, y allí estaba yo viéndolo todo desde sus hombros, que menos mal que no vinieron los guardias o si vinieron no me enteré, pues debió de tener cuidado, por mí, ¿comprendes? Luego, el mismo año, cuando las huelgas, todas las mañanas me llevaba a hombros hasta el Parque Dorado, donde se reunía con otros mineros, dos o tres, no más. Mientras yo jugaba con otros niños, ellos hablaban mirando las aguas. «Siguen bajando claras», decía uno. «Pero no tanto como ayer». «Es por el día: con ese nublo no puede haber aguas claras». El Nalón era como el telégrafo o el teléfono: si bajaba claro quería decir que cuenca arriba, en los lavaderos de las otras minas, no estaban trabajando, o sea, que la huelga continuaba. Al año siguiente, con las nuevas huelgas, los patronos se habían enterado, y mandaban a los vigilantes que echaran al río residuos de carbón. Pero los mineros se habían enterado también, y aprendieron a distinguir en las aguas el color del trabajo y el color del patrón, aparte de que usaban el teléfono de verdad y estaban ya mejor organizados y las noticias corrían incluso sin teléfono.

Ya. En fin, lo que te decía, que sobre los hombros de mi padre yo he ido a muchos sitios y que he visto muchas cosas desde los hombros de mi padre. Casi tengo la sensación de que he pasado media infancia sobre los hombros de mi padre. En Asturias es como una tradición, ¿comprendes? Él me contó una vez que también vio la manifestación del 31, cuando lo de la

4 **un pretexto** excusa – 11 **una huelga** Streik – 12 **el Parque Dorado** parque del centro Sama de Langreo (Asturias) junto al río Nalón – 15 **un nublo** nubes para tormenta *aquí:* color oscuro – 18 **un lavadero** lugar donde se limpia el carbón – 20 **un patrón** jefe – 20 **mandar** enviar, ordenar – 21 **un vigilante** up que protege y cuida un lugar – 23 **distinguir** diferenciar – 25 **incluso** sogar, auch

República, desde los hombros de su padre, o sea, de mi abuelo. Conque te puedes imaginar si me iba a quedar yo en Bélgica en esta ocasión, y menos aún después de lo que te conté antes, que más que tristeza lo que me de es rabia, una rabia que me pondría a… No sé.

Bueno, pues, aunque el voto es secreto, te diré que yo pienso votar por mi padre…

No, él no es candidato, ¿cómo podría serlo? Digo por los que en cuarenta años no han tenido voto, pero han tenido siempre voz, como mi padre. Y no sólo voz, claro. ¿Y tú?

II

Curioso tipo. En mi vida he visto a nadie con tanto entusiasmo. Se puso en marcha en cuanto el autobús se puso en marcha en París, por lo de las vibraciones, claro. ¡Qué fanático! Casi no me ha dejado hablar. Se lo decía él todo. Como si no me oyera. Ni siquiera se molestó cuando le solté el par de ironías. Más que minero y estudiante frustrado, parece un sereno, aunque en fino. El clásico mocetón asturiano. El perfecto asturiano. Un poco más, y me canta una asturianada. Me cae simpático, sin embargo. Valdría para una noche de discoteca. Jimmy se troncharía, porque, aunque es el perfecto pasota, de lo que no pasa nunca es de divertirse a costa de alguien. Le ofrecería un porro y le invitaría a hacernos una demostración de cómo se echa la sidra sin mirar, por la espalda. Con lo cómodo y fácil que es echarla directamente al vaso, bien apoyado en la mesa, y mejor si en vez de sidra es un buen *scotch*. *La Marilyn* seguro que se enamoraba de él para ver si le hacía el amor con las vibraciones del «¡Asturias, patriaaa queridaaá…!». Pero me cae bien, aunque sea un

1 **La *Segunda* República española** (1931-1939) gobierno de izquierdas hasta la dictadura (1939-1975) – 2 **conque** así que – 4 **dar rabia uc** enfadar, molestar – 6 **un voto** Abstimmung – 9 **cuarenta años** periodo que duró la dictadura en España – 12 **curioso** raro, pintoresco – 16 **soltar** *aquí:* decir uc bruscamente – 18 **un sereno** up que cuida del orden de las calles de noche – 20 **caer + ADJ up** pensar que up es + ADJ – 21 **troncharse** *Esp coloq* reírse mucho – 22 **un pasota** *Esp* up a quien nada le importa – 23 **un porro** Joint – 26 **apoyado** puesto, descansado – 27 **Marilyn Monroe** (1926-1962) actriz estadounidense, icono y símbolo sexual del siglo XX

ingenuo como una catedral. Se cree que porque haya muerto Franco las cosas van a cambiar así como así. Van a cambiar, desde luego, y a mejor, claro, pero no como creen éste y otros como él. Simplemente, las oportunidades van a ser mayores. Muchas cosas que antes no eran legales, lo van a ser, lo son ya. ¿Quién me iba a decir a mí lo del negocio de las revistas? Si lo consigo del todo, y lo tengo que conseguir con un poco de agresividad, la próxima vez no tendré que aprovechar un autocar de electores o emigrantes, que vaya rollo, para ahorrarme unos miles de pesetas. Y quizá me instale en Madrid otra vez. Va a haber oportunidades estupendas. Pero, ahora, menudo viajecito que me espera en este tren todavía. Lo del padre me dio pena. Eso, sí.

III

Bajo el agua, sus piernas parecían más delgadas aún. Con la refracción, el cuerpo, de cintura para abajo, era casi como el de un niño. Le veía nadar dificultosamente, a brazadas enérgicas, como a saltos, al estilo mariposa, y los músculos de los brazos y la espalda, todavía poderosos, brillaban a momentos fuera del agua bajo las luces de la piscina interior. Más allá del calzón de baño negro, las piernas delgadísimas y sin forma sólo a veces hacían algún movimiento desacompasado, débil; eran los brazos los que con sus sacudidas, golpeando contra el agua, agitaban y arrastraban aquellos miembros que colgaban como si fueran de trapo. Un enfermero nadaba despacio a su lado, vigilante.

Cuando al llegar a su lado, cerca del borde, le vio alzar la vista y sonreírle, no pudo hacer otra cosa que devolverle fugazmente

1 **como una catedral** muy grande – 2 **Francisco Franco** dictador español entre 1939 y 1975 – 2 **así como así** *loc* fácilmente, de cualquier manera – 8 **aprovechar** usar uc *aquí:* la oportunidad – 9 **un elector** up que vota – 9 **un rollo** *Esp* uc aburrida o molesta – 10 **una peseta** moneda española anterior al euro – 16 **la refracción** Brechung – 17 **una brazada** movimiento del brazo al nadar – 18 **el estilo mariposa** estilo natatorio en el que los dos brazos se mueven hacia delante y al mismo tiempo – 21 **un calzón de baño** bañador masculino – 22 **desacompasado** sin ritmo – 23 **una sacudida** movimiento brusco – 25 **un trapo** tela vieja – 28 **fugaz** breve, rápido

la sonrisa y apartar los ojos de aquel cuello de venas abultadas. Junto al otro borde de la piscina había aún dos enfermos: uno parecía casi normal, pero, aunque nadaba sin vigilancia, lo hacía con un extraño estilo oblicuo; del otro, al que ayudaban a nadar los enfermeros, apartó la vista enseguida para volver a mirar el cuerpo de su padre. No pudo ya quitar los ojos de él.

—¿Le conociste, Nandú? —El enfermero le había izado del agua, y ahora estaba sentado en la banqueta, secándose.

—Sí, padre.

—A ése sí que no le pueden negar lo que le causó la atrofia. Pero ¿de qué le vale?

Tuvo la impresión de que su voz era más delgada también, aunque quizá se debía sólo al esfuerzo reciente.

El enfermero empezó a ponerle el albornoz, y él se reía, hablaba de años atrás, recordó las romerías, las manifestaciones.

—¿Te acuerdas, Nandú? Con estas mismas piernas.

Le puso una mano cerca de la rodilla, y sus dedos índice y pulgar abarcaron más de la mitad del muslo amoratado.

—No hables de eso ahora, padre. —Había apartado la mano bruscamente—. Así que, esperanzas, hay esperanzas.

—Pocas, pero hailas. El doctor fía mucho de estas cosas, la gimnasia con esos aparatos que viste, el nadar. Diz que puede ser cosa de meses o de años. Depende.

Le ayudó a levantarse poniéndole una muleta bajo la axila, mientras el enfermero le ponía la otra.

—No le suelte del todo —dijo el enfermero—. Junto a la piscina está resbaladizo y las muletas tienen la goma un poco desgastada.

—¿No le podrían dar otras?

1 **abultado** que sobresale, más grande de lo normal – 4 **oblicuo** ≠ recto, ≠ directo – 8 **una banqueta** taburete – 10 **una atrofia** falta de movimiento o mal funcionamiento de uc – 18 **un dedo índice** Zeigefinger – 19 **un pulgar** dedo gordo – 19 **amoratado** de color azulado, lila – 22 **hailas** *astur* las hay – 22 **fiar** *astur* fiarse, confiar, creer en uc – 23 **diz** *astur* dice – 25 **una muleta** Krücken – 25 **una axila** Achsel – 28 **resbaladizo** que hacer perder el equilibrio *aquí:* por el agua – 29 **desgastado** ≠ nuevo

—Se las darán. Pero tenga en cuenta que sólo el año pasado ingresaron más de tres mil pacientes. No todos internos, claro.

—¿Pero mineros todos?

—La mayoría, aunque no sólo de esta zona. El Adaro recibe enfermos prácticamente de toda España. Es una de las mejores instituciones en rehabilitación de inválidos.

Al despedirse, ya en su habitación, se agachó hacia la cama y él le abrazó con ruidosos manotazos en la espalda.

—Vendremos a buscarte a las nueve, padre. El doctor dice que no hay inconveniente.

—Sí, Nandú. Estaré listo. ¡Mi Dios, y que yo me iba a quedar en la cama en un día como éste!

IV

Los colegios electorales habían abierto a las ocho y media. La gente, vestida con sus mejores ropas, salía de sus casas en grupos familiares: hombres y mujeres con niños en brazos o de la mano; mozos y mozas, incluso muchos sin edad de votar, que iban del brazo de la abuela o el abuelo; algunos padres que llevaban al rapacín sobre los hombros... Los grupos se iban fundiendo con rumor de saludos, y en las calles principales formaban ya corrientes densas, a pesar de la hora temprana. Era como una gran romería sin prado, sin ermita.

Por la puerta principal del Sanatorio Adaro salieron Nandú y Maruja. Entre ellos, y con su ayuda, salió Nandú Fernández Ramírez apoyándose en las muletas. Detrás, con un pañolón rojo a la cabeza, salió María Carvajal de Fernández, que se puso enseguida junto a su hijo Nandú.

Avanzaba el grupo lentamente. El viento leve que soplaba hacia La Felguera se había llevado la neblina y los humos. Las

4 ***Fundación Sanatorio*** **Adaro** sanatorio privado en Sama de Langreo con servicio de geratría, rehabilitación ... – 7 **agacharse** inclinarse hacia delante, bajarse – 8 **un manotazo** golpe con la mano – 20 **fundirse** unirse, encontrarse – 20 **un rumor** ruido confuso de voces – 21 **denso** compacto – 24 **Maruja** María *p ej* del Pilar – 24 **Nandú** padre del protagonista – 25 **apoyarse** sujetarse, descansar sobre uc – 28 **avanzar** desplazarse, moverse – 28 **soplar** wehen – 29 **La Felguera** ciudad minera e industrial de Langreo (Asturias) – 29 **la neblina** niebla delgada y baja

casas escalonadas en la falda del monte y de las escombreras, los castilletes de las bocaminas, las chimeneas se recortaban nítidas a la luz matinal.

—Entre las dos muletas, las piernas de Nandú se bamboleaban, apoyándose apenas en el suelo.

—¡Cuidado, padre!

Maruja le había sujetado a tiempo: una de las muletas había resbalado sobre la acera mojada. Mientras le sostenían y él se ajustaba las muletas bajo las axilas, Nandú miró a su padre. Le miró a los ojos, esperando a que pudiera alzar la mirada.

—No necesitas esos cachivaches, padre —le dijo, poniéndose ante él de espaldas y agachado.

Nandú Fernández Ramírez se rió.

—¡Tendría gracia!

Se reían Maruja y María Carvajal de Fernández, que estaban ya ayudando a que las piernas inválidas pasaran sobre los hombros de Nandú.

Cogiéndole las grandes, ásperas manos, sacudió levemente los hombros para hacerle sentarse mejor y, ayudado por la madre y la hermana, se levantó. Pesaba menos de lo que había creído.

Se había formado en torno un grupo, y los saludos y las risas se mezclaban con las risas de la mujer y la moza. A él, con el cuello doblado y caminando ya, le costaba trabajo reír, pero se reía como en una tos, inconteniblemente. Nandú sacudía la cabeza, parpadeaba, cerraba y abría los ojos con fuerza: no podía restregárselos para mirarlo todo desde los hombros de su hijo.

1 **escalonado** uno después de otro (→ escalera) – 1 **la falda** *aquí:* parte baja – 1 **una escombrera** lugar para los restos *aquí:* de carbón – 2 **un castillete** torre de la mina – 2 **una bocamina** entrada a una mina – 2 **una chimenea** unión vertical entre galerías de una mina – 2 **recortarse** dibujar el perfil de uc sobre otra cosa – 3 **nítido** claro, transparente – 3 **matinal** de la mañana – 5 **bambolearse** balancearse – 7 **resbalar** moverse involuntariamente sobre una superficie (→ resbaladizo) – 8 **una acera** parte de la calle para la gente – 8 **mojado** nass – 9 **ajustar** ausrichten – 11 **un cachivache** *despect* aparato, cosa – 18 **áspero** ≠ suave – 18 **sacudir** mover uc de un lado a otro con fuerza – 25 **incontenible** sin control – 27 **restregar** frotar (reiben)

L@s autor@s y sus obras

Concha Romero Pineda

(Puebla del Río, Sevilla, 1945)

Su relación con el teatro comenzó durante su juventud cuando participó en el Grupo de Teatro Universitario de Sevilla, y tras estudiar Filología Clásica en la Universidad de Salamanca, empezó a estudiar Arte Dramático en la Escuela de Cinematografía de Madrid. Profesora de latín en un instituto, además de para el teatro ha escrito para la televisión y el cine, colaborando en este último medio con la directora de cine Cecilia Bartolomé.

En 1983 publica *Un olor a ámbar*, su primera obra de teatro, que trata de la disputa entre dos pueblos por los restos mortales de Santa Teresa. Dos años más tarde fue estrenada por un grupo de teatro independiente en la Universidad de Madrid. En 1988 publica *Las bodas de una princesa*.

Su teatro se engloba en la corriente de crítica social, en la que destaca también Paloma Pedrero.

Está casada y tiene dos hijos. Vive en Madrid.

Obras: *Vámonos, Bárbara* (1978, guión de cine); *Disfraces* (1978, guión de cine); *Un olor a ámbar* (1983, teatro); *Las bodas de una princesa* (1988, teatro); *Un maldito beso* (1989, teatro); *Juego de reinas* (1989, teatro); *¿Tengo razón o no?* (1989, teatro). *Así aman los dioses* (1991, teatro).

Carmen Resino

Carmen Resino

(Madrid, 1941)

Se licenció en Historia en la Universidad Complutense de Madrid y es catedrática de Historia en enseñanzas medias. Vivió muchos años en Gijón y estuvo casada con el también dramaturgo Alberto Miralles. Hizo estudios de estética teatral en la Universidad de Ginebra y de doctorado sobre arte de las vanguardias. Escribe teatro desde fines de los sesenta. Se inspira fundamentalmente en el teatro de vanguardia, en especial en el del absurdo. Ha escrito casi cuarenta títulos de esta clase, en especial drama histórico. Logró estrenar, entre otros, *El presidente* (1970), *La sed* (1974, y en francés en 1994), *Camino de destrucción* (1975), *Ultimar detalles* (1984), en Estados Unidos; *Espejos rotos* (1984), *Personal e intransferible* (1988, en Bruselas); *La bella Margarita* (1990, también en Bruselas) y *Pop y patatas fritas* (1990), pero la mayoría de su producción permanece sin pasar a las tablas e incluso inédita. En 1986 fundó y presidió la Asociación de Dramaturgas Españolas; ha formado parte de la junta directiva de la Asociación de Autores de Teatro y pertenece a la SGAE, a la Asociación Colegial de Escritores y a la ya mencionada AAT.

Recibió un accésit del premio Lope de Vega por *Ulises no vuelve* (1974), una original recreación del mito homérico; también los premios “Café Gijón” de Gijón por *Ya no hay sitio* (1984); al Mejor autor español de la sala Boesdaelhoeve de Bruselas (Bélgica) por *Personal e Intransferible* (1988) el Ciudad de Alcorcón por *La recepción* (1992), una pieza de carácter metateatral; y el Buero Vallejo por *La boda* (2004). También ha recibido menciones de honor en los premios Felipe Trigo (1985) y Calderón de la Barca (1989).

Como novelista ha recreado la vida de Livia Galileo, hija olvidada del astrónomo Galileo Galilei, en su novela *La Bóveda Celeste* (2009), y ha escrito narraciones como *Musas y gorgonas*, *La mujer bermeja*, *Flora y fauna*.

Almudena Grandes Hernández

Almudena Grandes Hernández

(Madrid, 1960)

Estudió Geografía e Historia en la Universidad Complutense de esta ciudad. Vinculada al mundo editorial como escritora de encargo, adquirió el reconocimiento del gran público con *Las edades de Lulú*, que recibió el XI premio de narrativa erótica *La Sonrisa Vertical* en 1989. Su segunda novela es *Te llamaré Viernes* y su tercera fue *Malena es un nombre de tango*. La cuarta, *Modelos de mujer*, es una recopilación de siete cuentos publicados anteriormente en varias revistas y periódicos. En 1998 publicó *Atlas de geografía humana*. Otras obras posteriores: *El corazón helado* (2007, novela, ganadora del VII Premio Fundación José Manuel Lara de Novela 2008 y del Premio Libro del Año 2007); *Inés y la alegría* (2010, novela); *El lector de Julio Verne* (2012, novela); *Nguyen Ha.* (2013, biografía).

Marvel Moreno

Marvel Moreno

(Barranquilla, Colombia, 1939)

Adolescente, bajo la guía de su padre, comienza a leer a los grandes escritores de la literatura clásica y moderna y en los años sesenta se concentra sobre los mayores autores contemporáneos que ejercerán una influencia definitiva en su escritura, se trata entre otros de James Joyce, Virginia Woolf, Carson Mac Cullers y William Faulkner. Mantuvo una estrecha relación con los miembros del «Grupo de Barranquilla»: Alejandro Obregón, Álvaro Cepeda Samudio, Gabriel García Márquez y Germán Vargas, quien fue decisivo para su vida literaria.

En octubre de 1969 publica *El muñeco*, su primer cuento, en la revista *Eco* y, poco después, en el magazín dominical de *El Espectador*. A partir de ese momento se dedicará con pasión y de manera exclusiva a la escritura. Resultado de esto es la aparición de su segundo cuento *Oriane, tía Oriane* (1975), del libro de relatos *Algo tan feo en la vida de una señora bien* (1980) –titulado en esta edición *Oriane, tía Oriane* conforme a la voluntad de la autora– y de la novela *En diciembre llegaban las brisas*, finalista en 1985 del Premio Literario Internacional Plaza & Janés, publicada en 1987 y traducida al italiano y al francés. Por esta novela –de inminente publicación por esta editorial– recibe en 1989 el prestigioso premio literario «Grinzane-Cavour», otorgado en Italia al mejor libro extranjero. En 1992 publica la colección de cuentos *El encuentro y otros relatos*. A pesar de la incurable enfermedad, que la aflige desde algún tiempo después de su llegada a París en 1969 y que se agrava en 1991, Marvel Moreno concluye su libro de cuentos hasta ahora inéditos, titulado *Las fiebres del Miramar*. Pocas semanas antes de morir, en 1995, pone punto final a su novela inédita *El tiempo de la amazonas*.

Jesús López Pacheco

(Madrid 1930 – London (Ontario, Canadá), 1997)

Escritor, poeta y profesor español. Estudió Filosofía y Letras (sección de Filología Románica) en la Universidad de Madrid, y participó activamente, desde posiciones comunistas, en los inicios del movimiento estudiantil antifranquista: un informe de la Dirección General de Seguridad recoge su protagonismo en el homenaje estudiantil a Ortega, tras el fallecimiento del filósofo, en octubre de 1955, y le sitúa en el grupo comunista de Enrique Múgica Herzog, que proyectaba un «Congreso de Escritores Jóvenes» que nunca llegaría a celebrarse tras los sucesos estudiantiles de febrero de 1956. López Pacheco asistió a la reunión celebrada el 19 de enero en el Club «Tiempo Nuevo» (Alcalá 93), con Dionisio Ridruejo, Miguel Sánchez-Mazas Ferlosio y otros, en la que se preparó el manifiesto difundido el 1º de febrero de 1956. A raíz de aquellos sucesos fue detenido y su domicilio registrado por la policía, que informó haber encontrado abundante propaganda europeísta.

Publicó varios libros de «poesía testimonio»: *Dejad crecer este Silencio* (Premio Adonais 1953), *Mi corazón se llama Cudillero* (1961), *Pongo la mano sobre España* (1961), *Canciones del amor prohibido* (1961). En 1958 su novela *Central Eléctrica* señala uno de los hitos de la llamada narrativa social, y en ella enfrenta las contradicciones del progreso técnico, los obreros, la desigualdad entre las clases sociales. Fue finalista del Premio Nadal y una de las cabezas visibles de la revista *Acento Cultural,* que abandonó cuando se le dio un giro conservador. Su editorial *Horizonte,* fundada en los años sesenta, no tuvo éxito.

Abreviaturas y símbolos

adj	=	Adjektiv, adjetivo
adv	=	adverbio
aquí:	=	señala un significado específico de la palabra en el contexto
aum	=	aumentativo
astur	=	asturiano
coloq	=	coloquial
cul	=	cultismo (bildungssprachlich)
despect	=	despectivo
dim	=	diminutivo
Esp	=	peninsularismo, término o expresión del español de la Península Ibérica
etc	=	etcétera
etw	=	etwas
f	=	femenino
fam	=	lenguaje familiar
fig	=	lenguaje figurativo
form	=	lenguaje formal
fr	=	francés
gal	=	gallego
GER	=	gerundio
INF	=	infinitivo
ingl	=	inglés
iron	=	irónico
jmd	=	jemand
lit	=	literario
loc	=	locución, giro idiomático
m	=	masculino
p ej	=	por ejemplo
pl	=	plural
s	=	singular
SUST	=	sustantivo
sup	=	superlativo
uc	=	una cosa, algo

up	=	una persona, alguien
vulg	=	expresión vulgar
≠	=	contrario de
→	=	remite a una palabra ya conocida